新・教職のための教育原理

内海﨑貴子 編著

井上　健

北村　陽

杉村美佳

鈴木麻里子

中園有希

吉岡昌紀

八千代出版

執筆者紹介 (50音順)

井 上 　 健　東京都市大学共通教育部教授　　　　　　　第2章、第9章、第14章

内海﨑貴子　川村学園女子大学大学院人文科学研究科　第1章、第4章、第12章
　　　　　　教育学専攻教授

北 村 　 陽　高崎健康福祉大学人間発達学部講師　　　　第10章

杉村　美佳　上智大学短期大学部英語科准教授　　　　　第8章

鈴木麻里子　流通経済大学スポーツ健康科学部教授　　　第3章、第13章

中園　有希　琉球大学教職センター准教授　　　　　　　第6章、第7章

吉岡　昌紀　清泉女子大学文学部教授　　　　　　　　　第5章、第11章

は じ め に

　教職をめざすみなさんは、この教科書をどのような学習環境で手にしているだろうか。教室の対面授業で？　別の場所のオンライン授業で？　2020 年、新型コロナウィルス感染症の拡大は、大学を含む学校教育の様相を大きく変えた。みなさんも様々な視点から、「学校」について─その社会的意義を含め、いろいろと考えたことだろう。

　しかし、近代学校教育制度が始まってから、どのような環境にあっても、子どもと教師は日々、学校生活をともに過ごしてきた。多くの人々は学校生活を経験し、その中で教師や友人と出会い、育ってきた。学校教育には様々な課題や問題があるのも事実であり、人々の育ちに対して万能ではない。だとしても、子どもには教育が必要であるし、教育には可能性がある。それは、世界的な感染症拡大の中でも変わらない。2014 年にノーベル平和賞を受賞したマララ・ユスフザイさんは、2013 年 7 月 12 日（マララ・デー）、国連本部でのスピーチで以下のように述べている。

　　　One child, one teacher, one book and one pen can change the world.
　　　Education is the only solution. Education first.

　　　1 人の子ども、1 人の教師、1 冊の本、そして 1 本のペンが、世界を変えられるのです。教育以外に解決策はありません。教育こそ最優先です。

（国際連合広報センター United Nations Information Centre による）

　本書は、教職をめざす人たちのために書かれた「教育原理」である。

　本書の構成は、大きく 3 つに分かれている。第Ⅰ部（第 1 章～第 3 章）では、「教育をめぐる現代的課題」として家庭、学校、社会の 3 つの領域から、子どもに関わる様々な課題が提示される。第Ⅱ部（第 4 章～第 9 章）では、これらの課題を考えるために必要な教育学の基礎的基本的な知識・言説がまとめられている。第Ⅲ部（第 10 章～第 14 章）では、これからの学校教育を構想するための知見が掲げられている。また、すべての章は、各執筆者の専門的知識に基づく教育学的視点、および、この書の読者＝「将来の教師」としての

視点から記述されている。

　第Ⅰ部第1章では、子どもにとっての家庭・家族の課題として、ヤングケアラー、子どもの貧困と子ども食堂、家庭内の暴力（児童虐待やDV）が取り上げられる。第2章では、「学校」との関わりから不登校、いじめ、学力低下の問題が提示される。第3章では、子どもが生きている社会について、「第四次産業革命」（Society5.0）、オンライン・コミュニケーションなど情報化社会の教育課題が教師の視点から整理される。

　これらの課題を受けて、第Ⅱ部第4章では、教育の語源や人間の発達、子育てとの関わりから「教育」を再考することの意味、教育の目的がまとめられる。第5章では、子どもがどう見られてきたか（＝子ども観）について、教育や学習に関わる心理学の知見から論じられる。第6章では、子どもは学校で何を学ぶのか、学校では何を教えるのか（＝カリキュラム）について整理される。これを受けて第7章では、教育／学習内容を教える／学ぶ方法が明示される。第8章では、「学校」へ行くことが当たり前になっていく（日本の学校教育制度の形成）過程が、教育／学習方法という視点から整理される。これに対して第9章では、西洋の教育思想の歩みについて、「近代教育」「子どもの発見」「公教育」「学校と社会の結合」に焦点化して解説される。これら6つの章の内容は、教育学の基礎的知識として踏まえておいてほしい。

　第Ⅲ部では、これからの学校教育を構想していくために、必要と思われる教育学の具体的な知識や言説が扱われる。第10章では、児童生徒理解の視点から、教育の専門家である教師としてできることについて述べられる。第11章では、教育と価値との関係性に着目し、人としての生き方を考える道徳教育が取り上げられる。周知のように、2020年度から、道徳は、小中学校において「特別の教科」として授業が行われており、高等学校に導入している自治体も見られる。第12章では、多様性をキーワードに子どもの人権、ジェンダー・セクシュアリティと教育の問題が取り上げられる。これらは、グローバル化する社会の中で、教師が押さえておかなければならない事項である。第13章では、学校教育を支える制度的基盤である教育行政、教育委員会制度、教育財政に加え、2020年12月、文部科学省が急きょ決定した小

学校の 35 人学級の実施について述べられる。第 14 章では、学校・地域・家庭の関係性、「コミュニティ」概念、「地域の教育力」の見直し、地域社会に根ざした学校づくりなど、学校と地域社会の関わりが示される。教育行政や地域社会について理解しておくことは、教師として必ず直面する様々な課題解決のためのツールとなろう。

　本書は、2015 年刊行の『教職のための教育原理』の構成と内容を大幅に変更した改訂版である。改訂版執筆にあたり、直近 5 年間の学校教育における変化を押さえること、教職課程科目に必要とされる内容を満たすことに加え、以下の点を心がけた。

① 　学生にとって読みやすく、わかりやすいこと。

② 　教育学の基礎的基本的事項を踏まえていること。

③ 　学校教育を中心に現代社会の教育に関わる課題が含まれていること。

　編者は、これらが各章の内容に活かされていると考えているが、半期 15 回の授業で使用することを前提にしたことから、十分でない部分もあるかもしれない。各章末の参考文献にあたり、さらなる学習を深めてもらいたい。

　なお、本書では、文部科学省が採用した「子供」という表記ではなく、これまでの教育学研究の歴史を踏まえ、大部分の執筆者が使い慣れている「子ども」という表記を採用した。また、「児童の権利に関する条約」も、一般に通称されている「子どもの権利条約」と表記していることをお断りしておく。

　最後に、本書の編集・刊行にあたり八千代出版の森口恵美子さん、井上貴文さんにご尽力いただいた。執筆者を代表して、感謝申し上げる次第である。

2021 年 2 月

編著者　内海﨑貴子

目　　次

第Ⅲ部　これからの教育を構想する

第 I 部

教育をめぐる現代的課題

みなさんが学校で出会う子どもたちは、どのような家庭でどんな家族と生活しているだろうか。家庭／家族が多様化し、貧困や虐待、ひとり親や外国籍の家族など家庭／家族が抱える課題も明らかになってきた。また、子どもが過ごす学校では、いまだに不登校やいじめの問題が解消されないだけでなく、家庭の経済力が子どもの学力に影響することが明らかになり、学校教育の限界も指摘されている。一方で、子どもたちが暮らす社会の変化はめまぐるしく、現代は、第四次産業革命といわれる新しい時代に突入している。ここでは、教育をめぐる現代的課題を、「子ども」と「将来の教師」の視点で整理する。みなさんの経験と照らし合わせながら、現代社会の中にある「教育の課題」を様々な角度から捉え直していってほしい。

第1章

家庭と子ども

1　子どもにとっての家庭・家族

1）家庭と家庭教育

　家庭とは、家族（夫婦・親子などの関係ある者）が同じ住居で生活をともにする小集団＝生活共同体である。多くの子どもは、出生後、家庭の中で家族とともに生活し、成長していく。家族は子どもが最初に出会う大人である。どのような家庭環境、家族の中で育つかは、子ども自身が選べるものではないが、保護を必要とする子どもにとっては、家庭は唯一の「生きる」場といえよう。そのため、家族とその有り様は子どもの心身の成長発達、人格形成に深く関わる。

　近年、しつけの喪失や子どもの問題行動の背景として、家庭の教育力の低下が取り上げられている。ここでは、まず、**家庭教育**について考えてみる。

　学校教育が計画的・意図的に行われるのに対して、家庭教育は家庭内で家族等によって無意識・無意図的に行われる。家庭教育は、子どもが言葉や生活習慣、コミュニケーションの仕方など、生きていく上で必要なスキルを身につけることを援助する教育である。例えば、**教育基本法第10条**では、家庭教育について以下のように定められている。

　　　父母その他の保護者は、子の教育について第一義的責任を有するものであって、生活のために必要な習慣を身に付けさせるとともに、自立心を育成し、心身の調和のとれた発達を図るよう努めるものとする。
　　　国及び地方公共団体は、家庭教育の自主性を尊重しつつ、保護者に対する学習の機会及び情報の提供その他の家庭教育を支援するために必要な施策を講ずるよう努めなければならない。

　すなわち、家庭教育は、責任者である「父母その他の保護者」が子どもに対して、「生活のために必要な習慣」の獲得、「自立心」の育成、「心身の調和のとれた発達」を行う教育といえる。

　また、文部科学省 (以下、文科省) の報告書『家庭教育支援の具体的な推進方策について』(2017 年) では、「家庭教育は全ての教育の出発点であり、家庭に教育の基盤をしっかり築くことがあらゆる教育の基盤として重要である」としている。しかし、その一方で、「家族構成の変化や地域における人間関係の希薄化」「家庭教育に関する多くの情報の中から適切な情報を取捨選択する困難さ」「ひとり親家庭の増加や貧困」などの要因から、「家庭教育を行う困難さ」も指摘している。

２）家族の有り様

　みなさんが家族として思い浮かぶのは、父母、兄弟姉妹であろうか。祖父母と同居していたという人は、あまり多くはないだろう。厚生労働省 (以下、厚労省) の「2019 年国民生活基礎調査の概要」でも、全世帯の中で子どものいる世帯は「夫婦と未婚の子のみの世帯」28.4 ％、「ひとり親と未婚の子のみの世帯」7.0 ％、「三世代世帯」5.1 ％となっており、祖父母同居の三世代世帯は少ないことがわかる。しかも、子どものいる世帯は全体の 4 割に過ぎない。

　一方、2017 年には**共働き世帯** (1188 万世帯) が男性雇用者と無業の妻からなる世帯 (641 万世帯) の約 2 倍となり、子育て中も働く女性が増え、昼間は父母が不在という家庭が増加している。さらに、1970 年には 2.13 だった**合計特殊出生率** (一人の女性が生涯に産む子どもの数) が、2019 年には 1.36 にまで減少していることから、兄弟姉妹を持たない子どもが増えていることが推察される。「夫婦と 1 人の子ども」という**核家族**が定着しているといえる。

　近年、家族の有り様も多様化している。例えば、子どものいる世帯が減少しているのに対して、**ひとり親世帯**は、1993 年 (94 万 7000 世帯) から 2003 年 (139 万 9000 世帯) までの 10 年間に約 5 割増加した後、ほぼ同水準で推移している (『男女共同参画白書令和元年版』2019 年)。また、全世帯のうち、ひとり親世帯の占める割合は、1986 年の 5.1 ％から 2019 年の 7.0 ％へと 1.9 ポイント増加している (「国民生活基礎調査」2019 年)。ひとり親世帯の 86.8 ％は母子

図1-1　公立学校における日本語指導が必要な児童生徒数の推移

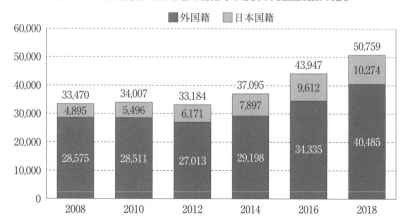

世帯であり（厚労省「全国ひとり親世帯等調査」2016年）、その37.6％は年間所得額200万円未満となっており、45.1％が生活を「大変苦しい」と感じている（「国民生活基礎調査」2016年）。

　また、両親、またはそのどちらかが外国出身者という「外国ルーツ」の子どもの家族も増加している。日本で生活している外国人は293万人（2019年12月末時点）となり、30年前の約3倍になっている。文科省の調査によれば、日本語指導が必要な児童生徒は5万759人で、そのうち外国籍の子どもは4万485人となっており（図1-1参照）、日本語指導が必要な高校生等の中退・進路状況は、全高校生等と比較して中途退学率で7.4倍、就職者における非正規就職率で9.3倍、進学も就職もしていない者の率で2.7倍高く、進学率では全高校生等の6割程度である（「日本語指導が必要な児童生徒の受入状況等に関する調査（平成30年度）」結果について、2019年）。

3）家族の中の子ども―生活環境・経験の変化―

　家族の有り様は多様化するとともに、子どものいる家庭は、祖父母と同居していた三世代家族から父母と子ども1人という核家族へと変化している。その結果、子どもが日常的に出会う大人は父親と母親に限定され、子どもにとっての身近な大人モデルの数が少なくなる。また、子どもが1人という家庭の子どもは、きょうだいと生活する中で学んできた「子ども同士の関わり」

を経験することができない。

　家族数が少ない核家族の特徴として、父母の経済的負担の増加、育児に関わる支援の不足、母親に偏った家事育児分担の不均衡が指摘されている。これらは核家族の弱点ともいえるが、それが顕在化したのは、新型コロナウィルスによって激変した社会生活下であった。

　2020年3月2日、新型コロナウィルス対策のために、全国の小中高等学校の一斉休校が始まった。そこで問題となったのは、昼間、家庭に残された子どもの日常生活や学習の支援であった。核家族の場合、父母のいずれかが子どもの世話にあたらなければならないが、その役割を担ったのは、主に母親であった。また、ひとり親世帯の場合、子どもは昼間、一人で過ごすことになった。学校や自治体の支援がなかったわけではないが、以下の記事のように、共働き世帯はその対応に苦慮していた。

仕事は休めない、子どもはどこで過ごせば…　新型コロナウイルス、小中高の休校要請で不安と混乱
　　夫婦共働きで、小学2年の長男を持つ品川区の男性会社員（36）は「長男を日中ずっと、一人で過ごさせるのは難しいのに。仕事を休めるよう調整したり、都内に住む両親に頼んだりするしかない」と話した。
（東京新聞すくすく 2020年2月28日付 https://sukusuku.tokyo-np.co.jp/work/27610/）

　新型コロナ禍の社会で暮らす子どもたちは、学習と生活の両面で大きく影響を受けることになった。オンラインによる遠隔授業が実施された学校もあったが、突然の休校要請により、多くの学校が子どもの学習支援の準備をする余裕がなかった。その結果、子どもが置かれた学校環境や家庭環境により、受けられる学習支援の内容や学習進度に差異が生じた。

　また、保護者の在宅勤務が増え、不要不急の外出が制限される中で、子どもたちの日常生活も変化した。家庭内での生活を余儀なくされたことによる子どもの運動不足、生活習慣の乱れ、インターネット依存、DVや児童虐待の増加など様々な問題が起こっている。これらの問題が、子どもたちの育ちや学びにどのように影響するかは、まだわかっていない。しかし、新型コロナによる社会の変容が、今後、家庭や家族の有り様、子どもの生活環境を変

えることは避けられないだろう。教職をめざすみなさんは、学校教育の歴史の転換点に立っているのかもしれない。

　加えて、前述したように、外国にルーツを持つ子どもの家庭が増えたことにより、言葉や生活習慣、宗教など日本とは異なる文化背景を持つ子どもが学校で学ぶことになった。全国市町村教育委員会対象の調査では、外国人の子どもが1人以上いる小中学校は、地域によって偏りはあるものの、全体の68.9％に上っている（文科省「外国人の子供の就学状況等調査結果」2020年3月）。**外国ルーツの子ども**は、自身の家庭や家族の文化と異なる日本の文化の中で、学校生活を送っている。このような子どもには、特別な配慮が必要であり、日本語教室の設置や加配教員の確保などが、現在、学校教育現場の喫緊の課題となっている。

4）家族のケアラーとしての子ども

　ヤングケアラーという言葉を知っているだろうか。ヤングケアラーとは、家族にケアを要する人がいることで、家事や家族の世話を行う18歳未満の子どものことであり、年齢や成長の度合いに見合わない重い責任や負担を負っているだけでなく、自身の育ちや教育に影響が及んでいる。そうした状況にある子どもたちは、本来、大人が担うような家族（障害・病気・精神疾患のある保護者や祖父母）の介護、年下のきょうだいの世話などを日常的に行っている（三菱UFJリサーチ＆コンサルティング『ヤングケアラーの実態に関する調査研究報告書』2019年）。

　実態調査によると、ヤングケアラーの4割以上が、1日平均5時間以上、介護や世話を行っており、その3割以上が学校にあまり行けていない（休みがち）といった状況である。ケアの対象はきょうだいが約73％、母親が約47％であるが、支援してくれる人がいるケースは約4割であった。子どもは、自分自身がヤングケアラーであると認識していることが少ない。彼／彼女たちは、「家族をケアすることは当たり前」「周囲の期待に応えなければ」と考えていることが多い。その結果、発見が遅れがちであるが、約4割は学校（保育所を含む）からの情報を契機として発見に至っている。

　ヤングケアラーは、クラブ活動ができない、宿題の学習時間を確保できな

いなど、学校生活上の支障を抱えているが、子どもへの支援は、学校教育現場での個別対応にとどまっている。教職をめざすみなさんには、まず、ヤングケアラーという子どもの存在を認識すること、そして、そのような子どもの育つ権利や教育を受ける権利が守れるような教員になることを心がけてほしい。

2　子どもの貧困と子ども食堂

1）子どもの貧困とは

　前節で指摘した家庭や家族の有り様の変化とともに、近年、社会問題化しているのが**子どもの貧困**である。ここでは、まず、子どもの貧困についてまとめておく。

　貧困には、人間として最低限の生存を維持することが困難な状態をさす「絶対的貧困」、その国の生活水準・文化水準と比較して困窮した状態をさす「相対的貧困」がある。前者が食べ物や住む家がない、必要な医療を受けられないなどの状態であるのに対して、後者は、世帯の所得がその国の所得中央値の半分の額（いわゆる「貧困線」）に満たない状態のことである。

　子どもの貧困率とは、17歳以下の子ども全体に占める、相対的貧困の状態にある子どもの割合をいう。子どもの貧困率は1990年代半ばから上昇傾向にあり、2018年には14.0％となり、子どもの7人に1人が貧困の状態にある。つまり、クラスに少なくとも4〜5人は貧困の子どもがいることになる。また、**相対的貧困率**は15.8％、大人1人で子どもを養育している家庭（ひとり親世帯）の貧困率は48.2％であり（図1-2参照）、ひとり親世帯の貧困率が高いことがわかる。特に、母子世帯の貧困率は5割を超え、所得が貧困線の50％に満たないディープ・プア世帯が13.3％に達している（労働政策研究・研修機構「第5回了育て世帯全国調査」2019年）。なお、相対的貧困率とは、貧困線を下回る所得しか得ていない者の割合であり、2018年度国民生活基礎調査の貧困線は127万円であった。

2）心身の発達に影響する子どもの貧困

　周知のように、子どもの貧困は子どもの成長発達に様々な影響を及ぼす。

図1-2　貧困率の年次推移

注1：1994 年の数値は、兵庫県を除いたものである。
　2：2015 年の数値は、熊本県を除いたものである。
　3：2018 年の「新基準」は、2015 年に改定された OECD の所得定義の新たな基準で、従来の可処分所得から更に「自動車税・軽自動車税・自動車重量税」、「企業年金・個人年金等の掛金」及び「仕送り額」を差し引いたものである。
　4：貧困率は、OECD の作成基準に基づいて算出している。
　5：大人とは 18 歳以上の者、子どもとは 17 歳以下の者をいい、現役世帯とは世帯主が 18 歳以上 65 歳未満の世帯をいう。
　6：等価可処分所得金額不詳の世帯員は除く。
出典：厚生労働省「2019 年国民生活基礎調査　結果の概要」（2020 年）

　例えば、厚労省が行った乳幼児の栄養調査では、経済的な暮らし向きが「ゆとりあり」世帯では魚、野菜、果物を摂取する頻度が高くなるが、「ゆとりなし」世帯では菓子（菓子パン含む）、インスタントラーメン・カップ麺の摂取頻度が高くなっている（厚労省『平成 27 年度乳幼児栄養調査』2016 年）。経済的困窮が子どもの栄養摂取の偏りにつながっており、貧困状態にある子どもが十分に、バランスのとれた食事をとっていないことがわかる。

　また、子どもの貧困の学力や健康への影響も見過ごせない。『東京都子供の生活実態調査報告書【小中高校生等調査】』（2017 年）によると、小学 5 年生で授業が「いつもわかる」児童は一般層 34.1％、困窮層 14.3％であり、約20 ポイントの開きがある。中学 2 年生になると、授業が「いつもわかる」「だ

いたいわかる」生徒は一般層 79.5 ％であるのに対して、困窮層では 48.0 ％と
なり、学習の理解度の差がさらに広がる。貧困は学力格差だけでなく、子ど
もの心の健康にも影響する。中学 2 年生では、困窮層の 30.9 ％に抑うつ傾向
が見られ、一般層 20.1 ％との差は 10.8 ポイントである（困窮層とは、子どもの「生
活困難」を①低所得〔世帯所得が 135 万 3000 円未満、厚労省「国民生活基礎調査」2015
年より算出〕、②家計の逼迫〔公共料金や家賃の滞納など〕、③子どもの体験や所有物の欠
如〔経済的な理由による〕の 2 つ以上の要素に該当する層のことをさす）。

　2020 年には、経済的理由により就学困難と認められ、**就学援助**を受けて
いる小中学生は約 137 万人、就学援助率は 14.7 ％となっている（文科省「就学
援助実施状況等調査結果」2020 年）。就学援助とは、学校教育法に定められた児
童生徒の就学を支援する制度であり、生活保護を受けている保護者（要保護者）
とそれに準じる程度に困窮している保護者（準要保護者）に対して行われる。
就学援助対象の生活保護世帯の大学等への進学率は、2017 年 4 月 1 日時点
で 35.3 ％であり、全体の進学率 73.0 ％の約半分である（厚労省「生活保護世帯出
身の大学生等の生活実態の調査・研究」2018 年）。また、保護者の学歴別子どもの
貧困率は、小中学校卒の父親で 33.1 ％（高卒 14.0 ％、大卒 6.3 ％）、母親で 42.8 ％
（高卒 20.3 ％、大卒 7.3 ％）であり、学歴が**貧困の世代間連鎖**のひとつの要因であ
ることがわかる（阿部彩「相対的貧困率の動向―2006、2009、2012 年―」「貧困統計ホー
ムページ」2014 年）。

　2019 年、「子どもの貧困対策の推進に関する法律の一部を改正する法律」
が制定され、子どもの「将来」だけでなく、「現在」の生活等に向けても子
どもの貧困対策を総合的に推進することになった。特に、教育の支援につい
ては、教育費の負担軽減、学習支援、教育機会の提供など教育の機会均等を
保障するという趣旨が明確にされた（図 1-3 参照）。

3）子ども食堂

　子ども食堂を知っているだろうか。子ども食堂は、2011 年夏、毎日の夕
食を 500 円以内のコンビニ弁当で済ませていた T 君との出会いから始まっ
たという。母子家庭で育った中学 3 年生の T 君は、家族で食事をとる習慣
がなく、高校へ行きたいという気持ちを母親に伝えることもできず、学力も

図 1-3　子供の貧困対策に関する大綱（概要）

Ⅰ　目的・理念

○現在から将来にわたって、全ての子供たちが前向きな気持ちで夢や希望を持つことのできる社会の構築を目指す。
○子育てや貧困を家庭のみの責任とするのではなく、地域や社会全体で課題を解決するという意識を強く持ち、子供のことを第一に考えた適切な支援を包括的かつ早期に講じる。

Ⅱ　基本的な方針	Ⅳ　指標の改善に向けた重点施策	

Ⅱ　基本的な方針

○親の妊娠・出産期から子供の社会的自立までの切れ目ない支援

○支援が届いていない、又は届きにくい子供・家庭への配慮

○地方公共団体による取組の充実

など

Ⅳ　指標の改善に向けた重点施策

教育の支援
○幼児教育・保育の無償化の推進及び質の向上
○地域に開かれた子供の貧困対策のプラットフォームとしての学校指導・運営体制の構築
・スクールソーシャルワーカーやスクールカウンセラーが機能する体制の構築、少人数指導や習熟度別指導、補習等のための指導体制の充実等を通じた学校教育による学力保障
○高等学校等における修学継続のための支援
・高校中退の予防のための取組、高校中退後の支援
○大学等進学に対する教育機会の提供
○特に配慮を要する子供への支援
○教育費負担の軽減
○地域における学習支援等

生活の安定に資するための支援
○親の妊娠・出産期、子供の乳幼児期における支援
・特定妊婦等困難を抱えた女性の把握と支援　等
○保護者の生活支援
・保護者の自立支援、保育等の確保　等
○子供の生活支援
○子供の就労支援
○住宅に関する支援
○児童養護施設退所者等に関する支援
・家庭への復帰支援、退所等後の相談支援
○支援体制の強化

Ⅲ　子供の貧困に関する指標

○生活保護世帯に属する子供の高校・大学等進学率
○高等教育の就学支援新制度の利用者数
○食料又は衣服が買えない経験
○子供の貧困率
○ひとり親世帯の貧困率

など、39 の指標

保護者に対する職業生活の安定と向上に資するための就労の支援
○職業生活の安定と向上のための支援
・所得向上策の推進、職業と家庭が安心して両立できる働き方の実現
○ひとり親に対する就労支援
○ふたり親世帯を含む困窮世帯等への就労支援

経済的支援
○児童手当・児童扶養手当制度の着実な実施
○養育費の確保の推進
○教育費負担の軽減

施策の推進体制等

〈子供の貧困に関する調査研究等〉
○子供の貧困の実態等を把握するための調査研究
○子供の貧困に関する指標に関する調査研究
○地方公共団体による実態把握の支援

〈施策の推進体制等〉
○国における推進体制
○地域における施策推進への支援
○官公民の連携・協働プロジェクトの推進、国民運動の展開
○施策の実施状況等の検証・評価
○大綱の見直し

出典：文部科学省「子供の貧困対策の推進に係る取組」2019 年
　　　https://www.mext.go.jp/a_menu/shougai/kodomo-hinkontaisaku/1369104.htm

十分ではなかったそうだ。その T 君の高校受験合格をめざして、地域の人々が学習支援と夕食の提供を始めたことが子ども食堂につながった（http://toshimawakuwaku.com/tkun/ 参照）。T 君の事例は経済的困窮、孤食と栄養の偏

り、低い学力など子どもの貧困を示す典型例である。

　その後、子ども食堂は全国各地に広がり、経済的に厳しい家庭やひとり親家庭など食事がとれない子どもたちに、無料や低価格で食事を提供し、子どもの栄養補給と孤食の防止を行っている。「NPO 法人全国こども食堂支援センターむすびえ」によると、子ども食堂は、2019 年に 3718 か所となり、2016 年の 319 か所から 3 年間で約 12 倍増加し、食事の提供だけでなく学習支援を行っているところもあるという。子ども食堂は、当初から子どもの貧困対策と地域交流拠点という 2 つの社会的役割を担っていたと思われる。前者は貧困状態にある子どもとその家族を支えることであり、後者は地域の人々の交流の場ということである。

　子ども食堂について、教育の視点から考えてみよう。子どもは子ども食堂に行くことで、父母や教師以外の大人や異年齢の子どもと出会い、様々なことを経験する。子どもが出会う人々は、祖父母世代の高齢者や中高年層、大学生・高校生など地域で暮らす人々であり、学校や家庭ではあまり関わることのない人々である。これらの人々との関係は、教師（教える）と児童生徒（教えられる）、親（育てる）と子（育てられる）といった「タテ」の関係でもなく、同年齢の子ども同士＝「ヨコ」の関係でもない。いわば「ナナメ」のような関係性の中で、子どもはより自由に生活経験を積むことができるといえよう。

　周知のように、子どもの育ちは多様な人間との交流に支えられている。その意味で、子ども食堂は「子どもの育ち」の拠点になっている可能性がある。したがって、貧困家庭の子どもだけでなく、核家族・共働きの家族の子どもなど多様な家庭環境にある子どもにとっても、子ども食堂は貴重な経験の場・重要な居場所になるのではないだろうか。

3　家庭内の暴力―児童虐待と DV―

1）児童虐待

　2019 年 1 月、千葉県野田市で、小学 4 年の栗原心愛さんが父親による虐待で死亡した。当時、大きな反響を呼んだこの事件では、教育委員会と児童相談所の情報交換・連携不足等の問題が指摘され、「『児童虐待防止対策の強

化に向けた緊急総合対策』の更なる徹底・強化について」が決定されたが、**児童虐待**は減少していない。2018年度、全国の児童相談所における児童虐待相談対応件数は、15万9850件（前年度比約2万6000件増）に達し、過去最多であった。厚労省が統計を取り始めた1990年度から28年連続で増加している（図1-4参照）。

　児童虐待は、「身体的虐待」「性的虐待」「ネグレクト（保護者としての監護を著しく怠ること）」「心理的虐待」の4つに分類されるが、多くの場合、いくつかの虐待が複合的に起こっている。特に、「子どもを学校に通学させない」という**教育ネグレクト**は、子どもの教育を受ける権利を侵害するだけでなく、教育上の著しい悪影響を及ぼすものと考えられる。後述するDVなど、家族に対する暴力や暴言を子どもが目撃すること（「面前DV」という）も、児童の心理的虐待にあたる（「児童虐待の防止等に関する法律」〔児童虐待防止法〕第2条第4項）。

　また、児童虐待防止法第6条により、学校・教職員には、虐待を受けたと思われる子どもについて、市町村や児童相談所等へ通告することが義務となっている。児童相談所の相談件数のうち、約1万件は学校等からの相談によるものであり、学校関係者が虐待の発見・対応にあたり重要な役割を果たしていることがわかる。なお、通告は守秘義務違反にはあたらず、誤りであっ

図1-4　児童相談所における児童虐待相談対応件数

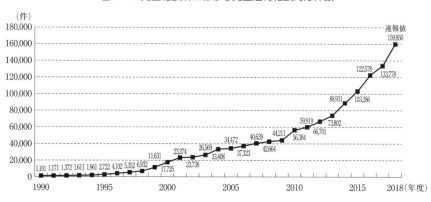

出典：NPO法人児童虐待防止全国ネットワーク（厚生労働省報告より作成）

ても責任は問われない。

　虐待は、児童生徒の心身の成長発達、人格形成に重大な影響を与えるとともに、世代間連鎖を生じることもあり、深刻な子どもの人権侵害である。保護者による虐待は、いわゆる「しつけ」とは異なり、正当化されるものではない。2019年6月、児童虐待防止法と児童福祉法が同時に改正され、親は児童のしつけに際して、体罰を加えてはならないとされた。両法施行（2020年4月）後2年をめどに、子どもを戒めることを認めた民法上の**懲戒権**のあり方も検討することとなり、学校や教育委員会、児童福祉施設に対しては守秘義務が課された。

2）配偶者に対する暴力　DV

　内閣府男女共同参画局によれば、**ドメスティック・バイオレンス**（Domestic Violence、以下、DV）とは、「配偶者や恋人など親密な関係にある、又はあった者から振るわれる暴力」である（http://www.gender.go.jp/policy/no_violence/e-vaw/dv/index.html）。一方、DVの被害者の多くが女性であることに注目して、「親密な関係において男性から女性に対して行使される暴力」（『岩波女性学事典』2002年）とされることもある。ここでは、DVを「親密な関係にある女性／男性に対して身体的・性的・精神的・経済的暴力を繰り返し、支配（コントロール）すること」とする。

　『男女間における暴力に関する調査報告書』（内閣府男女共同参画局、2018年）によると、女性の約3人に1人（31.3％）、男性の約5人に1人（19.9％）は配偶者から被害を受けたことがあり、女性の約7人に1人は何度も受けている。被害を受けたことのある女性の約7人に1人は命の危険を感じたが、被害を受けた女性の約4割はどこにも相談していない。また、全国287か所（2019年12月）に開設されている配偶者暴力相談支援センター（「配偶者からの暴力の防止及び被害者の保護等に関する法律」〔DV防止法〕に基づいて、配偶者からの暴力の防止と被害者の保護を目的として全国の都道府県で開設されている施設）への相談件数は、2014年度以降10万件を超える高水準で推移しており、2018年度の相談件数は11万4481件に上っている。しかし、被害をどこにも相談していない被害者も一定数いることから、DVの実数はもっと多いと思われる。

　DV が起きている家庭では、子どもへの暴力が同時に起こっていることが多い。厚労省の調査（2020 年 9 月）では、検証可能な児童虐待死亡事例 270 人のうち、実母が DV を受けていたのは 51 人（18.9％）であり、「DV 加害者により孤立させられやすく、虐待が深刻化している可能性がある」と指摘している。

3）児童虐待・DV の子どもへの影響と対策

　最後に、児童虐待・DV の子どもへの影響について、教育の視点からまとめておく。

　虐待の影響は、虐待を受けていた期間、その態様、子どもの年齢・性格等により様々であるが、いくつかの共通した特徴が見られる。それらは、①外傷、栄養障害、低身長、成長不全などの身体的影響、②学校不登校や生活環境の悪化による知的発達面への影響、③自己肯定感が持てない、攻撃的・衝動的な行動、多動など心理的影響である。いずれも、子どもの心身の発達に深刻な影響をもたらす。

　また、DV 環境下にある子どもは、DV 加害者／被害者または双方から暴力を受けており、子どもにとって安心・安全な生活環境（家庭）が破壊されている。さらに、子どもは、暴力自体を学習している。子どもは、最初に出会う大人（父母）によって暴力のモデルを示され、最も身近な大人から暴力を学習する。その上、暴力の学習が長期にわたり継続されることにより、**暴力の再生産／世代間連鎖**の可能性が高まる。暴力が問題解決の方法／手段として容認され、子どもは、暴力によらない人間関係のつくり方を学ぶことができない。その結果、友人関係を築けない、集団行動ができないなど、学校生活自体が困難になることもある。

　ところで、DV を含む児童虐待に対しては、子どもを守るための対策が始まっている。虐待が減らない要因として、「しつけのために子どもを叩くことはやむをえない」という意識が根強く存在することが挙げられる。虐待の加害者は、子どもへの暴力行為を「しつけだ」と正当化する。中には、保護者が「しつけ」と称して暴力・虐待を行い、死亡に至る等の重篤な結果につながるものもある。こうしたことを踏まえ、改正児童福祉法では子育てにお

図1-5　体罰によらない子育てのために〜みんなで育児を支える社会に〜

出典：厚生労働省 https://www.mhlw.go.jp/stf/seisakunitsuite/bunya/kodomo/taibatu.html

ける体罰を禁止し、子どもの権利が守られるような、体罰のない社会を実現することになったのである。図1-5に「体罰によらない子育てのために〜みんなで育児を支える社会に〜」を掲載した。教職をめざすみなさんは、子どもの人権侵害を許すことなく、児童生徒の支援ができるようになってほしい。

参 考 文 献

友田明美・藤澤玲子『虐待が脳を変える─脳科学者からのメッセージ─』新曜社、2018年

広田照幸『日本人のしつけは衰退したか─「教育する家族」のゆくえ─』講談社現代新書、2015年

松本伊智朗編『「子どもの貧困」を問いなおす─家族・ジェンダーの視点から─』法律文化社、2017年

第 2 章

学校と子ども

1　学校に行くのは楽しいか

　本章では、「不登校」「いじめ」「学力低下・格差」という 3 つの切り口から、教育をめぐる現代的課題を考えていくことにしたい。これらは、どこにでもある「普通の学校で日常的に見られる問題」であるとともに、かつての「学校に行かない／行けない」「いじめっ子／いじめられっ子」「勉強ができる／できない」とは質的に異なる内容やメカニズムを含むからである。

　その前段として、まずは全国の小学 6 年生と中学 3 年生に「学校に行くのは楽しいと思いますか」とたずねたデータを確認しておこう。

　図 2-1 に示したように、小 6 の 54.0％が「当てはまる」と答え、「どちらかと言えば、当てはまる」を含めると 85.8％が「学校に行くのが楽しい」と感じている。中 3 では「当てはまる」の数値はやや減少して 45.8％となるが、「どちらかと言えば、当てはまる」を加えれば 81.9％となる。

図 2-1　学校に行くのは楽しいと思いますか

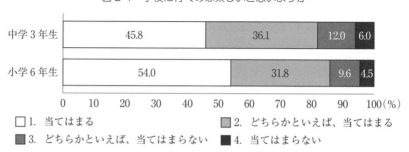

出典：文部科学省「平成 31 年度（令和元年度）　全国学力・学習状況調査　報告書　質問紙調査」（https://www.nier.go.jp/19chousakekkahoukoku/report/question/）をもとに筆者が作成

　他方で、「学校に行くのは楽しいとは思えない」児童生徒が1〜2割いることは見過ごせない。学校は、社会で生きていくための知識や技能、態度を身につける公的施設であるとともに、一日の大半を過ごす生活の場でもある。それゆえ、学校に楽しく通えるかどうかは、学びの質、人間性の発達、自己像の形成などに大きな影響を与えるであろうことは想像に難くない。

2　不登校問題を考える

1）不登校児童生徒数の推移と不登校の要因

　さて、「不登校」とは「何らかの心理的、情緒的、身体的あるいは社会的要因・背景により、児童生徒が登校しないあるいはしたくともできない状況にあること（ただし、病気や経済的な理由によるものを除く）」と定義される。**学校基本調査**において、かつては「年度内に50日以上欠席」を「長期欠席者」とし、欠席の理由を「病気」「経済的理由」「学校ぎらい」「その他」に区分して報告することになっていたが、1998年からは「長期欠席者」を「年度内に30日以上欠席」に改め、また「学校ぎらい」が「不登校」に変更された。図2-2に見るように、不登校は近年、増加傾向にあり、2018年度は小学校4万4841人、中学校11万9687人、在籍者数に占める割合は小学校0.7%、中学校3.6%である。

図2-2　不登校児童生徒数の推移

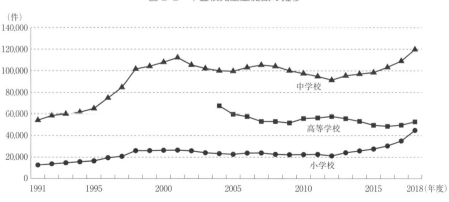

出典：文部科学省『令和元年度　文部科学白書』2019年、146頁

　では、子どもたちはなぜ、不登校になるのだろうか。

　文部科学省の調査では、不登校を「本人に係る要因」別に５つに分類した上で、「学校に係る要因」「家庭に係る要因」として考えられる状況を回答する（複数回答）という形式で実施されており、その結果を整理したのが表2-1である。

　これを見ると、「『学校における人間関係』に課題を抱えている」に分類された児童生徒は、不登校の要因として「いじめを除く友人関係をめぐる問題

表2-1　不登校の要因

学校、家庭に係る要因（区分） / 本人に係る要因（分類）	分類別児童生徒数	学校に係る状況								家庭に係る状況	左記に該当なし
		いじめ	いじめを除く友人関係をめぐる問題	教職員との関係をめぐる問題	学業の不振	進路に係る不安	クラブ活動、部活動等への不適応	学校のきまり等をめぐる問題	入学、転編入学、進級時の不適応		
「学校における人間関係」に課題を抱えている	28,639	776	20,733	2,386	2,921	570	1,084	546	1,506	4,303	771
	—	2.7%	72.4%	8.3%	10.2%	2.0%	3.8%	1.9%	5.3%	15.0%	2.7%
	17.4%	74.8%	45.3%	47.4%	8.2%	8.3%	33.1%	10.5%	13.4%	6.9%	3.5%
「あそび・非行」の傾向がある	5,200	4	497	183	1,407	154	56	1,357	129	2,802	409
	—	0.1%	9.6%	3.5%	27.1%	3.0%	1.1%	26.1%	2.5%	53.9%	7.9%
	3.2%	0.4%	1.1%	3.6%	4.0%	2.2%	1.7%	26.2%	1.1%	4.5%	1.8%
「無気力」の傾向がある	47,869	58	5,367	644	15,438	1,929	777	1,509	2,753	22,376	6,176
	—	0.1%	11.2%	1.3%	32.3%	4.0%	1.6%	3.2%	5.8%	46.7%	12.9%
	29.1%	5.6%	11.7%	12.8%	43.5%	28.0%	23.7%	29.1%	24.5%	36.1%	27.8%
「不安」の傾向がある	54,854	154	16,790	1,428	12,721	3,643	1,120	1,232	5,350	17,175	7,267
	—	0.3%	30.6%	2.6%	23.2%	6.6%	2.0%	2.2%	9.8%	31.3%	13.2%
	33.3%	14.9%	36.7%	28.4%	35.9%	52.9%	34.2%	23.7%	47.6%	27.7%	32.7%
「その他」	27,966	45	2,348	396	2,995	594	238	544	1,495	15,285	7,583
	—	0.2%	8.4%	1.4%	10.7%	2.1%	0.9%	1.9%	5.3%	54.7%	27.1%
	17.0%	4.3%	5.1%	7.9%	8.4%	8.6%	7.3%	10.5%	13.3%	24.7%	34.1%
計	164,528	1,037	45,735	5,037	35,482	6,890	3,275	5,188	11,233	61,941	22,206
	100.0%	0.6%	27.8%	3.1%	21.6%	4.2%	2.0%	3.2%	6.8%	37.6%	13.5%

注：上段は「不登校」の児童生徒数。ただし、国公私立小学校・中学校の合計。中段は、各区分における分類別児童生徒数に対する割合。下段は、各区分における「学校、家庭に係る要因（区分）」の「計」に対する割合。

出典：文部科学省「平成30年度　児童生徒の問題行動・不登校等生徒指導上の諸課題に関する調査結果について」84頁　https://www.mext.go.jp/content/1410392.pdf

（72.4％）」が突出しており、「『あそび・非行』の傾向がある」児童生徒では「家庭に係る状況（53.9％）」、次いで、「学校に係る状況」の「学業の不振（27.1％）」が多い。「『無気力』の傾向がある」児童生徒も「家庭に係る状況（46.7％）」と「学業の不振（32.3％）」が多く、「『不安』の傾向がある」児童生徒は「家庭に係る状況（31.3％）」と「いじめを除く友人関係をめぐる問題（30.6％）」が主な要因と考えられていることがわかる。

２）不登校の子どもたちの声と教育界の新しい動き

　先に見た「不登校の要因」（表 2-1）は、教師の目から見た判断であり、子どもたちが直接回答したものではない。

　そこで、「不登校の経験者たち」が「全国の不登校の児童生徒」に対して行ったアンケートを見てみよう。図 2-3 によれば、「あなたは、どうして学校に行かなくなりましたか」という質問への回答で最も多かったのは、「子どもどうしの関係」で 107 人（40.3％）、次いで「学校の雰囲気」で 103 人（38.8％）、3 番目は「いじめ」で 85 人（32.0％）、そして「勉強（授業）」74 人（27.9％）、「先生」68 人（25.6％）が続く。「よくわからない」が 64 人（24.1％）いること

図 2-3　あなたは、どうして学校に行かなくなりましたか

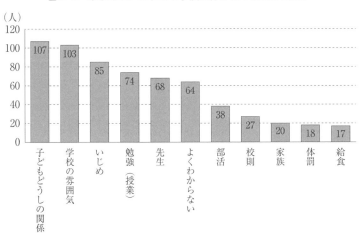

注：当てはまるもの 3 つまでに○をつける。サンプル総数 265 人。
出典：「東京シューレ」の子どもたち編『学校に行かない僕から学校に行かない君へ』
　　　教育史料出版会、1991 年、202 頁をもとに筆者が作成

にも注目してほしい。本人にも理由がよくわからないままに、学校に行けなくなっていることがある、ということなのである。

　このアンケートを実施した子どもたちの居場所となっていた「東京シューレ」の代表・奥地圭子は、学校へ行っていない子ども・若者の気持ちを次のように代弁している。「子ども本人は、意識の上では『学校には行かねばならない』と考えているが、何らかの事情で行きたくない、行かれそうにないとき、体が登校への拒否感をあらわしている状態なのです。いま登校は無理だよ、つらいよ、休みが必要だよ、と体が訴えているのです」「子どもの多くは、学校の人間関係に悩み、傷つき、また学校の先生の在り方、学習指導や生活指導、その全体があらわす学校の雰囲気に、違和感、合わなさ、疑問、ストレスを感じながら通学自体が苦しくなり、不登校に至っているのです」（奥地圭子『明るい不登校』NHK 出版新書、2019 年、18 頁、22 頁）。

　学校に行かないこと（＝不登校）が指導や治療の対象であった時期が長く続いていたが、近年、そうした見方が大きく変化している。とりわけ、2016年の**義務教育の段階における普通教育に相当する教育の機会の確保等に関する法律（教育機会確保法）**は画期的であり、「全ての児童生徒が豊かな学校生活を送り、安心して教育を受けられるよう、学校における環境の確保が図られるようにすること」「不登校児童生徒が行う多様な学習活動の実情を踏まえ、個々の不登校児童生徒の状況に応じた必要な支援が行われるようにすること」と規定された（第3条）。次いで 2017 年に告示された小学校の**学習指導要領**の**総則**には「不登校児童については、保護者や関係機関と連携を図り、心理や福祉の専門家の助言又は援助を得ながら、社会的自立を目指す観点から、個々の児童の実態に応じた情報の提供その他の必要な支援を行うものとする」（第1章第4の2の（3）のア）と記され、**学習指導要領解説**ではさらに踏み込んで、「不登校は、取り巻く環境によっては、どの児童にも起こり得ることとして捉える必要がある。また、不登校とは、多様な要因・背景により、結果として不登校状態になっているということであり、その行為を『問題行動』と判断してはならない。…不登校児童については、個々の状況に応じた必要な支援を行うことが必要であり、登校という結果のみを目標にするのではな

く、児童や保護者の意思を十分に尊重しつつ、児童が自らの進路を主体的に捉えて、社会的に自立することを目指す必要がある」（118頁）と書かれている。そうした流れを受けて、各自治体の教育委員会は**教育支援センター（適応指導教室）**や**不登校特例校**を設置し、また、学校でも**スクールカウンセラー**や**スクールソーシャルワーカー**との協働、学校外の居場所や学びの場を提供する**フリースクール**などとの連携が試みられている。

　不登校の問題は、私たちに、「学校とは何か」「学校に通うことの意味はどこにあるのか」の問い直しを求めているといえるだろう。

3　いじめ問題を考える

1）いじめ認知件数といじめ集団の四層構造モデル

　「不登校」と並んで、人々の大きな関心を集めている問題が「いじめ」である。前述のように、子どもたちの声を聞くと不登校の契機にいじめがあることは多く、自死につながってしまった不幸な事例も少なくない。

　まず、いじめの統計データ（図2-4）を見ておこう。文部科学省によれば、2018年度の「全国の国公私立の小・中・高等学校及び特別支援学校におけるいじめの認知件数は約54万4000件、いじめを認知した学校数は約3万校で学校総数に占める割合は約80.8％」（文部科学省『令和元年度　文部科学白書』2019年、141頁）である。

　上のデータで「いじめの認知件数」とされていることに注意したい。つまり、ここでの「件数」は、学校として把握したケースのうち、教育委員会を通じて文部科学省に報告されたものが集計されているのである。

　そのため、特定のいじめ事件がマスコミを賑わしたり、文部科学省が「いじめの定義」を変更したりすれば、それに伴って件数も大きく変化する。文部科学省自身も「いじめの認知件数については…実態を正確に反映しているとは言い難い状況」にあり、いじめ認知件数が多い学校を「いじめを初期段階のものも含めて積極的に認知し、その解消に向けた取組のスタートラインに立っている」と肯定的に評価し、問題を隠すことなく積極的に認知しながら「いじめ防止対策」を徹底していくことを求めている（141頁）。

図2-4　いじめの認知件数の推移

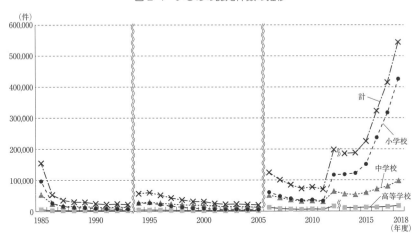

注1：1993年度までは公立小・中・高等学校を調査。1994年度からは特殊教育諸学校、2006年度
　　　からは国私立学校を含める。
　2：1994年度及び2006年度に調査方法を改めている。
　3：2005年度までは発生件数、2006年度からは認知件数。
　4：2013年度からは高等学校に通信制課程を含める。
　5：小学校には義務教育学校前期課程、中学校には義務教育学校後期課程及び中等教育学校前
　　　期課程、高等学校には中等教育学校後期課程を含む。
資料：文部科学省「児童生徒の問題行動・不登校等生徒指導上の諸課題に関する調査」
出典：文部科学省『令和元年度　文部科学白書』2019年、142頁

　周知のようにいじめは複雑な様相・構造を有しており、そのことが解決を
難しくしている。いじめを理解する上でしばしば言及される学説に**いじめ集
団の四層構造モデル**（図2-5）がある。これは、いじめは「いじめっ子（加害
者）」と「いじめられっ子（被害者）」の二者関係のみで成立するものではなく、
両者を取り巻く周囲の子どもたち、すなわち、「いじめをはやし立てて面白
がって見ている子どもたち（観衆）」と「見て見ぬふりをしている子どもたち
（傍観者）」の四層が絡み合った構造と力学の中で起きている、とするもので
ある。

　このモデルの提唱者・森田洋司によれば、周りで見ている子どもたちの中
から「仲裁者」が現れたり、あるいは直接、止めるようなことはしなくても、
いじめに対して否定的な反応を示せば、「いじめっ子」への抑止力になる。
だが、多くの子どもたちは集団への同調志向の高さや自分が被害者になるこ

とへの恐れから、いじめの場面に遭遇しても、被害者に救いの手を差し伸べることできない。そうした傍観者的な態度は、かえって加害者を支持することになってしまう。さらには、観衆や傍観者は固定された役割ではない。誰もが被害者にも加害者にもなる可能性がある。そうし

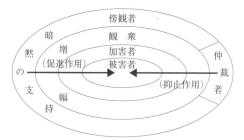

図 2-5　いじめ集団の四層構造モデル

出典：森田洋司『いじめとは何か』中公新書、2010 年、132 頁

た「立場の入れ替わり」が、学級集団の中に不安感を蔓延させ、誰もが口を閉ざし、教師にいじめを知らせようとしない雰囲気が醸成されてしまうのである（森田洋司『いじめとは何か』中公新書、2010 年、131〜135 頁）。

２）いじめを防止するために

　では、あなたが教師であったら、いじめ問題にどのように対処していくだろうか。自分自身の問題として考えてほしい。

　NPO 法人「ストップいじめ！ナビ」代表理事の荻上チキは『いじめを生む教室』の中で、「どうすれば、教室でのいじめを『増やす』ことができると思いますか？　いったん本を閉じて、少しの間、ぜひ真剣に考えてみてください」と刺激的な問いかけをしている。彼の真意は、いじめを人為的に増やすことができるのであれば「いじめの数は条件によって増減する」ということであり、いじめの要因について考えることは「どの環境を改善すればいじめを抑制できるのか」という発想につながる、ということにある（荻上チキ『いじめを生む教室』PHP 新書、2018 年、24〜25 頁）。いじめ対策とは「発生したいじめに対応する」や「いじめをしないように教育する」ことばかりではない。荻上は、個人モデルから環境モデルへと転換し、ストレスの少ない「ご機嫌な教室」を増やしていくことで、いじめは防止できると訴える。

　もちろん、学校や行政も、いじめに対して手をこまねいているわけではない。2013 年に制定された**いじめ防止対策推進法**では、いじめを「児童等に対して、当該児童等が在籍する学校に在籍している等当該児童等と一定の人

的関係にある他の児童等が行う心理的又は物理的な影響を与える行為（インターネットを通じて行われるものを含む。）であって、当該行為の対象となった児童等が心身の苦痛を感じているもの」（第2条第1項）と定義し、同法を受けて定められた**いじめの防止等のための基本的な方針**（2013年文部大臣決定、2017年改正）では、「個々の行為が『いじめ』に当たるか否かの判断は、表面的・形式的にすることなく、いじめられた児童生徒の立場に立つことが必要」とし、「けんかやふざけ合いであっても、見えない所で被害が発生している場合もあるため、背景にある事情の調査を行い、児童生徒の感じる被害性に着目し、いじめに該当するか否かを判断する」（4〜5頁）と明記された。さらに今日では、いじめ問題を学級担任が抱え込んだり、個人で判断したりすることのないように、学校が組織的に対応できる体制づくりも進められている。

4　学力低下問題を考える

1）得点分布のふたコブ化現象

　最後に学力低下の問題である。ここでは、教育社会学者のグループが1989年と2001年に、大阪府内の同じ学校（小学校・16校、中学校・11校）で同じ学力テスト（小5と中2の国語と算数・数学）と質問紙を用いて調査し、12年間の子どもたちの「変化」を捉えようとした研究を取り上げよう（苅谷剛彦ら『調査報告「学力低下」の実態』岩波ブックレット578、2002年）。

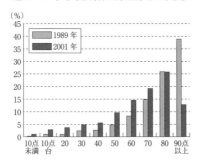

図2-6　小学校算数の得点分布の変化

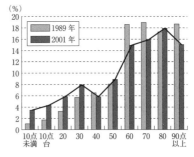

図2-7　中学校数学の得点分布の変化

出典：苅谷剛彦ら『調査報告「学力低下」の実態』岩波ブックレット578、2002年、16頁

　図2-6は小学校の算数、図2-7は中学校の数学の得点分布の変化である。まず小学校を見ると、1989年では灰色の棒グラフが示すように、得点分布は右肩上がりのカーブ描いており、特に「90点以上」の子どもが4割近くいることがわかる。ところが2001年では、「90点以上」は1989年の3分の1に減り、「50点」以下のどの低得点層においても、黒の棒グラフが灰色の棒グラフの約2倍の高さになっている。子どもたちの「学力低下」が如実に示されたデータである。

　次に中学校数学の結果を見ると、1989年は「60点以上」が全体の7割を占め、「10点未満」や「10点台」は少なかった。ところが、2001年では「60点以上」が減少し、「10点未満」や「10点台」が倍増している。注目すべきは、黒の棒グラフの並びを「線」で表すと、「80点台」に第一のピーク、そして「30点台」に第二のピークが見られることである。このことから、「『子どもたちの学力が全般的に低下している』というわけではなく、むしろ『できる子とできない子の格差が拡大して、ふたコブ化が進んでいる』。教師たちの実感として語られる現象の兆しが、はからずも、この中学校数学のグラフから読み取れる」（『調査報告「学力低下」の実態』17頁）のである。

２）家庭の経済的文化的な環境と学力格差

　学校の教育課程の基準である学習指導要領はおおよそ10年ごとに改訂されている。1989年に告示された学習指導要領（小学校では1992年、中学校では1993年から実施）では「自ら学ぶ意欲と社会の変化に主体的に対応できる能力の育成」（総則）を重視するいわゆる**新しい学力観**が打ち出され、教師の役割は「指導者」から「支援者」へ、学力の評価も「知識・理解」から「関心・意欲・態度」へシフトすべきことなどが求められた。前述の調査は、この「新しい学力観」が導入される「前」と「後」で、子どもたちの学力にどのような変化が見られるのかを捉えようとしたものであるが、ここでは興味深い結果を2点、紹介しておこう。

　一つ目は、「塾に行く子ども」と「そうでない子ども」を比較するといずれのテストでも前者の平均点が高いことである（表2-2）。

　特に中学校の数学（中数）では、1989年には13点差であったものが、2001

表2-2　「通塾」「非通塾」別の平均点の比較

（単位：点）

| | 1989 年 | | | 2001 年 | | | 1989 年と 2001 年の差 | |
	通塾	非通塾	差	通塾	非通塾	差	通塾	非通塾
小国	80.9	78.0	− 2.9	75.9	69.6	− 4.5	− 5.0	− 8.4
小算	84.6	78.9	− 5.7	73.0	67.5	− 5.5	− 11.6	− 11.4
中国	74.5	68.3	− 6.2	71.9	63.2	− 8.7	− 2.6	− 5.1
中数	75.8	62.5	− 13.3	74.5	54.5	− 20.0	− 1.3	− 8.0

注：通塾率　1989 年：小学生 29.2％、中学生 54.4％、2001 年：小学生 29.4％、中学生 50.7％。
出典：苅谷剛彦ら『調査報告「学力低下」の実態』岩波ブックレット 578、2002 年、18 頁

表2-3　新学力観的な授業への取り組み（文化的階層グループ別）

（単位：％）

| | 小学校 | | | 中学校 | | |
	上位	中位	下位	上位	中位	下位
調べ学習の時は積極的に活動する	64.1	49.0	40.1	51.0	36.6	24.8
グループ学習の時はまとめ役になることが多い	46.5	32.0	24.0	35.6	26.3	16.7

注：数値はいずれも「とても」または「まあ」と答えた者の割合。
出典：苅谷剛彦ら『調査報告「学力低下」の実態』岩波ブックレット 578、2002 年、50 頁

年には 20 点差に拡大している。塾に通うことの是非はひとまず置いておくとして、「塾に行く子ども」と「行かない・行けない子ども」との「格差」が拡大傾向にあることは押さえておこう。また、小学校のデータで「2001年の通塾」は「1989 年の非通塾」よりも、国語も算数も平均点が下がっていることにも注目したい。こうしたデータは何を意味するのだろうか。

　二つ目は、子どもたちが生まれ育つ家庭環境が「学力」に与える影響についてである。この調査では、子どもたちに家庭の様子をたずねて尺度化し、統計的に 3 つの文化的階層グループに分けて比較されている。表 2-3 は、子どもたちに「新しい学力観」的な学習活動への意欲をたずねたものであるが、「調べ学習の時は積極的に活動」し、「グループ学習の時はまとめ役」になるのは、小学校でも中学校でも、文化的階層の「上位」の子どもたちの方が多く、「下位」グループとは 20 ポイントもの差が開いてしまっている。

　調査報告書には「意欲や興味・関心は、どの子も同じように持っているわけではない。同じように引き出すことができるわけでもない。基礎学力がき

ちんと身についていない子どもたちに、基礎・基本を学ぶ時間を削ってまで
新学力観的な授業を増やしていけば、家庭の文化的環境による格差が、新旧
いずれの学力においても拡大していくだろう」（50頁）との危惧が記されて
いる。

　もちろん家庭の文化的環境だけで、子どもの学力や将来が決まることはな
い。だが、子どもたちは「白紙」の状態で学校に通ってくるわけでもないの
である。家庭や社会からの影響を踏まえ、「学校はどのような場であるべきか」
「教師として何ができるのか」を考えていくことが重要となる。

参 考 文 献
荻上チキ『いじめを生む教室』PHP 新書、2018 年
奥地圭子『明るい不登校』NHK 出版新書、2019 年
志水宏吉『学力格差を克服する』ちくま新書、2020 年

第3章

社会と子ども

1　第四次産業革命（Society 5.0）のもたらすもの

　「産業革命」といえば、18世期後半にイギリスで起こり、蒸気機関車の発明などによって、それまでの手工業から工場機械による産業へと、生活を一新させた歴史的な出来事のことである。現在は「第二次産業革命」「第三次産業革命」を経て**第四次産業革命**の時代といわれている。第二次産業革命は20世紀初頭のアメリカで起こり、電力・モーターによる動力が発明されたことで大量生産社会へと変化していった。第三次産業革命は同じくアメリカで、20世紀中盤のコンピュータとインターネットの発明による変化である。コンピュータにより自動化が進み、さらにインターネットにより情報通信への革新をもたらした。そして21世紀に入り、世界は「第四次産業革命」と呼ばれる時代へと突入した（図3-1）。この第四次産業革命のキーワードは、「IoT（Internet of Things）」「ビッグデータ」「AI（人工知能）」「5G」「ロボット」だ。これらが新たな技術となり、今までの私たちの生活を一新させようとしている。

図 3-1　産業革命の流れ

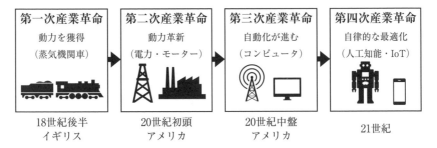

図 3-2　Society 5.0

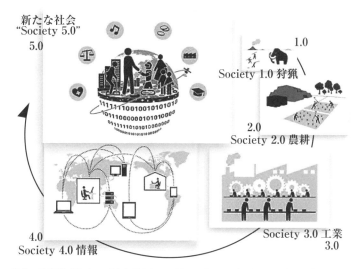

出典：内閣府「Society 5.0 とは」https://www8.cao.go.jp/cstp/society5_0/index.html

　このような社会変革を表す同義語として **Society 5.0** がある。「Society 5.0」は社会の大きな変革の第 5 期に突入したことを表現したものだ。Society 1.0 は狩猟社会、Society 2.0 は農耕社会、Society 3.0 は工業社会、Society 4.0 は情報社会、そして Society 5.0 は**超スマート社会**と表現され、第四次産業革命によってもたらされた新たな技術で人々の生活様式が一変するというものだ（図 3-2）。

　例えば全国で自動運転バスの社会実験が盛んに行われているが、これが実用化されれば人の輸送に人的な労働力は必要なくなるだろう。このような人や物の移動の変革を **MaaS**（Mobility as a Service）という。人口減少が進む過疎地では、公共バスの縮小が図られる傾向があるが、無人の自動運転であれば移動手段がない人にもその確保が期待できる。MaaS のような物流をはじめ、製造業、医療、金融業、農業など多様な領域において IoT や AI が導入され始めている。

　第四次産業革命における技術革新と社会変化は、学校教育においても無縁

ではない。プログラミング教育や電子教科書の導入、認証システムによる出席管理などはすでに始まっている。また、現実には実用化はされていないが、個人の成績や学習状況、過去の受験問題などのビッグデータから、その個人に最適化された学習方法がAIによって提案される未来も予想される。

　こうなるとこれまで人の手によって行われていた作業や仕事が、ロボットやAIに取って代わられることになる。すでに家事におけるロボット掃除機は一定の市場を占めているし、羽田や成田空港などの国際空港では日本人の出入国審査はパスポートに埋め込まれたICチップと顔認証によって行われている。このような社会変化は今後ますます進んでいくことは間違いない。

　この社会変化の中で、教育への考え方にも変革が迫られている。例えば学校教育においてキャリア教育が行われているが、その中には10年後にはAIによって行われているものも含まれていることだろう。それを予想しながらキャリア教育を進めていかなければならない。また学習評価にも変化が求められる。個人の知識の量はビッグデータの社会においてはあまり意味を持たなくなる。これからの社会で必要な人材は、技術革新において新たな価値を創造し、活用できる人材である。それを前提にした教育が今求められている。

2　オンラインでつながる子どもたち

1）オンライン・コミュニケーション

　2020年の新型コロナウィルス感染拡大防止のための一斉臨時休校措置の際、どのように過ごしていたか思い出してほしい。これまでに例を見ない外出制限に戸惑いを感じながらも、孤独を感じていた人はあまり多くはないのではなかろうか。この期間、学校で直接友人と対面はできなくても、SNSやゲーム等のオンラインで何らかの関わりを持っていたことだろう。

　ゲームの分野では、2020年3月に発売した任天堂が開発した、アバターを使ったコミュニケーションゲームは大ヒットとなり、同年6月末時点で2000万本以上を売り上げた。アメリカのゲーム会社が開発したバトルロイヤルゲームは世界中の人々がアクセスし、その登録プレイヤー数は2020年5月には3億5000万人を超えたという。これらのゲームの特徴は、オンラ

イン上で他者とコミュニケーションをとりながらゲームを進められるところにある。チャット機能を有しているものもあり、友人と会話をしながら協力してプレイすることができる。

　またミーティングアプリの利用もこのときに増えた。子どもの塾や習い事なども Zoom などのミーティングアプリを使って行われ、対面せずとも、画面に映し出された指導者や友人と会話をしたり、一緒に体を動かしたりしていた。

　SNS はこれまでも多用されていたが、特に Instagram や TikTok などのアプリでは、家の中でも可能な「チャレンジ」動画を発信することが流行となった。これらのオンラインツールは、コロナ禍にあっても人とのつながりを維持する機能を十分に発揮した。

2）オンライン上のトラブル

　その一方でオンライン上のコミュニケーションは多大な課題ももたらした。オンラインゲームでは、ゲーム上での「仲間外し」が、リアルな学校生活にも影響を及ぼし、「いじめ」に発展するケースがあった。また親の許可なく多額の課金をしていたケースも問題となった。SNS においては、「いいね」の数を獲得するため、無謀な動画を撮影しようとして起こる事故、第三者の著作物の無断使用、あるいは根拠のない誹謗中傷の書き込みなどが取り上げられた。オンライン上のこれらの投稿は、見た人たちから非難されるコメントが多数寄せられることもあり、一度「炎上」してしまうと、日常生活にも影響を及ぼすような攻撃に遭ってしまう。また、家出願望のある未成年を、大人が SNS 上で言葉巧みに呼び出し、誘拐事件になるという報道も後を絶たない。

　ますますオンラインの活用が広がる社会において、子どものオンライン上のトラブルを未然に防ぐためにも、まず大人が正しく理解しなければならない。内閣府が行っている「青少年のインターネット利用環境実態調査」の2019年度調査によると、青少年（10〜17歳）のインターネットの利用の内訳は、「動画視聴」が81.5％、「ゲーム」が78.7％、「コミュニケーション」が69.1％であった。また、インターネットを利用する際の機器は、「スマートフォン」

が最も多く 67.9％、ついで「携帯ゲーム機」が 33.5％、「タブレット」が
31.7％となった。スマートフォンの利用率は年齢が上がるごとに上昇し、小
学生 43.5％に対し、高校生は 92.8％になる。一方、「携帯ゲーム機」は低年
齢の利用が多く、女子よりも男子の方が利用率が高い。10〜14 歳の男子 40
％以上が「携帯ゲーム機」を利用しているのに対し、15 歳以上では 40％未
満と下がる。

　すでに多くの子どもがインターネットに接続している時代において、イン
ターネットの利用をめぐるマナーの周知や家庭内でのルール設定は必然のこ
とのように思われる。しかし、同調査における「家庭でのルールの有無」に
ついては、青少年の回答は、「ルールを決めている」が 60.7％、「ルールを決
めていない」が 34.3％であった。特に年齢が上がるごとにルールを決めてい
ない家庭が増えていく傾向にあり、高校生では「ルールを決めていない」と
の回答が 55.3％に上る。またこの調査では同様の質問を保護者に対しても行
っている。保護者は「ルールを決めている」が 77.4％、「ルールを決めてい
ない」が 21.5％と回答しており、子どもと保護者の間でルールの取り決めに
ついてギャップが生じていることがうかがえる。また、青少年が最も利用し
ているスマートフォンへのフィルタリングを利用している保護者は 37.4％に
とどまっており、大人が十分にインターネット上のトラブル理解し、危機管
理ができている状況であるとは言い難い。

3）オンラインを利用した犯罪

　警察庁は SNS に起因する被害児童の現状を報告しており（警察庁生活安全局
少年課「令和元年における少年非行、児童虐待及び子供の性被害の状況」第 5「SNS に起
因する事犯の被害状況」より）、2019 年の被害は 2082 件であった。実はその被
害は高校生が最も多く、2082 件中、1044 件が高校生であった。この事実か
らも、高校生であってもインターネット利用に関して注意を怠ってはいけな
いことがわかるであろう。また被害に遭うだけではなく、インターネットを
利用して罪を犯す加害者になることもある。以下にオンラインを利用した子
どもの被害と犯罪例を挙げる。

　①　児童ポルノ製造被害の例　　SNS で知り合った男と親しくなり、自

分の裸の写真や動画を送信させられるなどがある。女子だけでなく男子の被害も報告されている。

② 　未成年者誘拐の例　　SNS で知り合った男に悩みを相談したところ、言葉巧みに誘い出され、加害者の自宅に連れ込まれる。

③ 　名誉毀損を犯す例　　SNS に特定の人物を中傷する書き込みを続け、それに悩んだ対象者が自殺し、書き込んだ少年が逮捕される。

④ 　不正アクセスの例　　フィッシングサイトをインターネット上に公開し、閲覧した者の ID やパスワードを不正に取得する。

⑤ 　特殊詐欺の例　　SNS に書き込まれている、いわゆる「オレオレ詐欺」で現金を受け取る「受け子」の募集を見て応募した少年が、いわれた通りに現金を受け取り逮捕される。

⑥ 　薬物乱用の例　　覚醒剤、大麻などの薬物が SNS を通して売買されている。近年は大麻で検挙される未成年者が増加傾向にある。2013 年の 59 人から年々増え、2019 年は 609 人、うち 6 人が中学生、109 人が

図 3-3　薬物乱用による少年検挙数推移

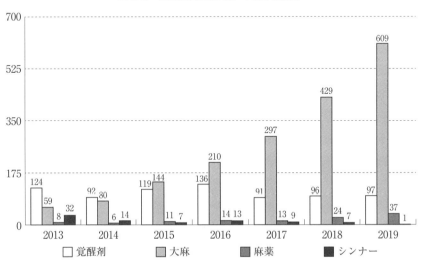

出典：警視庁生活安全局少年課「令和元年における少年非行、児童虐待及び子供の性被害の状況」2019 年より筆者作成

高校生であった（図3-3）。

　オンラインでは子どもたちが簡単に被害者にも加害者にもなりうる。子ど
もたちを守るためにも、オンラインの正しい利用の仕方と危険性を大人が理
解しておく必要がある。

3　情報化社会における日本の教育課題

　前節で述べた通り、コミュニケーションを中心としたオンラインの活用は
十分に浸透していることがわかる一方、学校教育でのICT活用はどうだろ
うか。

　新型コロナウィルス感染拡大防止のためとられた一斉臨時休校の際には、
日本の学校教育におけるICT活用の遅れが露呈することになった。実はそ
の前年2019年に発表された**PISA**（Programme for International Student Assess-
ment：OECD生徒の学習到達度調査）の結果で、すでに日本のICT教育の遅れ
は指摘されていた。日本は**OECD**（Organisation for Economic Co-operation and
Development：経済協力開発機構）加盟国中（欧米などの先進諸国のほか2020年現在日
本を含む37か国加盟）、学校の授業におけるデジタル機器の利用時間が最下位
となり、デジタル機器を「利用しない」と答えた生徒の割合も約80％に及
んだ。さらに学校外で学習のためデジタル機器を利用する状況は、「コンピ
ュータを使って宿題をする」項目では、OECD平均が22.2％であったの対し、
日本は3.0％、「学校の勉強のために、インターネット上のサイトを見る（例：
作文や発表の準備）」項目では、OECD平均23.0％に対し日本6.0％と、学校や
家庭学習でのICT利用状況は世界の状況と比べて非常に貧しいものとなっ
ていた。

　そこで文部科学省（以下、文科省）は2019年12月に**GIGAスクール実現推
進本部**を設置し、学校における高速大容量ネットワーク（LAN）環境整備と、
2023年までに義務教育段階の児童生徒一人ひとりが端末を持つことをめざ
すこととした。ところが、2020年3月2日から全国一斉臨時休校が要請さ
れることとなり、「児童生徒一人一台端末」が実現しないまま、家庭学習が
余儀なくされてしまった。文科省が行った2020年6月23日時点の調査では、

「学校が課した家庭における学習の内容」は、「教科書や紙の教材の活用」が
100％であったのに対し、「同時双方型オンライン授業」は、小学校 8％、中
学校 10％、高等学校 47％であった（設置者への質問であり、学校ごとの割合では
ない）。

　前節でも取り上げた通り、ほとんどの小学生から高校生までが、何らかの
デジタル機器を持っている。しかしそのデジタル機器の多くがスマートフォ
ンと携帯ゲーム機であり、これらのデジタル機器は学習に適しているとはい
えない。学習するためのデジタル機器としては、PC もしくはタブレット型
端末が望ましい。三菱 UFJ リサーチ＆コンサルティング（2020）が世帯所得
別に ICT 機器の保有状況について調査した結果によると、2019 年の世帯所
得別スマートフォンの保有割合は、いずれの世帯でも 7 割程度と大差はなか
った。しかし、「パソコン・タブレット PC をいずれも保有していない割合」
は世帯所得に大きく影響を受けており、世帯年収が 800 万円以上の世帯では
10％未満であるのに対し、世帯年収 400 万円未満ではその割合が 30％を超
えている。世帯構造別ではひとり親世帯での PC 保有率が顕著に低い傾向を
示した。このような現状に加え、学校側の設備も整っていないことから、一
部の私立学校を除き、多くの学校では同時双方型のオンライン授業に取り組
むことはできなかった。

　新型コロナウィルス感染防止のための一斉臨時休校は、まさに経済格差と
教育格差を明確にさせた。つまり、ICT 機器の保有状況により、**教育の機
会均等**が保証されなくなってしまっている現状を明らかなものにした。その
ため学校は、ICT 機器を保有していない児童生徒のためにも、同時双方向
型のオンライン授業ではなく、教科書と紙の教材による家庭学習をとらざる
をえなかったというのが現実であろう。しかしこれは今後の社会変化を考慮
しても憂慮すべき事態であることはいうまでもない。

4　Society 5.0 の教師像

1）格差の正体

　教育格差を生み出す経済格差は、**新自由主義**という考え方が背景にある。

この考え方を代表するのが、1980年代のイギリスのサッチャー首相とアメリカのレーガン大統領などの保守勢力である。「新自由主義」とは、「市場自由競争」により経済の活性化を図る政策だが、一方で国が保証していた雇用と社会保障などの福祉の領域が脆弱になるデメリットがある。そのため一旦競争に敗れると経済的に不利な状況に置かれ「勝者」に戻ることはほぼ不可能となる。「敗者」の家庭に生まれた子どもは、生まれたときから経済的には不利な状況に置かれ、その子が「勝者」になることは難しい。それゆえに貧困の連鎖が起きてしまう。一方「勝者」の家庭に生まれた子どもは生まれたときから経済的に恵まれているため、与えられる教育も潤沢で、その経験を活かしさらなる「勝者」となっていく。こうして経済的な環境が教育環境にも影響を与え、格差の拡大を生み出している。

　欧米では、歴史的に「新自由主義」が掲げる「自由市場主義」と、その反対の考え方として平等と国家の介入を重視する「社会民主主義」の考え方が交互に繰り返されてきた。つまり右派と左派の政治形態を振り子のように行ったり来たりしながら繰り返してきた。なお、社会民主主義は**福祉国家主義**を標榜し、手厚い社会保障により格差は縮小されるが、高い税負担がデメリットになる。

　しかし日本ではそのような二大政治形態とは違い、第二次世界大戦後は事実上自由民主党が政権をとってきた（2009年から2012年まで一時民主党政権）。日本で初めて「新自由主義」を政治政策として導入したのが小泉純一郎政権（2001～2006年）であった。当時の小泉政権は、「規制緩和」「民営化」「構造改革」の名のもと、新自由主義路線を進めていった。その結果、市場経済の勝者はより豊かになったが、敗者は福祉からも漏れ、貧困のループへと陥ってしまった。2009年の民主党政権への政権交代の際には、その解消も一時は期待されたが、結局は解消されず、2012年から2020年に至る長期の安倍晋三政権においても新自由主義的な路線は継承されることになった。続く菅義偉内閣においても、新自由主義的路線を大きく変更する政策はとられることはなかった。

　格差の正体とは、決してその個人の努力や自己責任によって生み出される

ものではなく、政治的な政策決定が大きな要因にあることをまずは理解しておく必要がある。そしてその結果、現代社会は努力しなければ「勝者」が「勝者」を維持すること、ましてや「敗者」が「勝者」になりうることが困難な社会構造になっていることを理解しておいてほしい。

2）メディア（情報）リテラシー教育

　「持てる者」と「持たざる者」の差はこのような政治戦略によってつくりだされた結果でもある。それはICT機器の有無という点においても同様であり、そしてそれは教育格差も意味するようになった。

　ところで、ICT機器保有の有無というのはあくまでハード面での保有であり、たとえ保有していてもそれを使いこなすというのはまた別の課題でもある。**メディアリテラシー**という言葉があるが、これは「情報リテラシー」や「コンピュータリテラシー」とも使われることがある。つまり、情報が溢れる現代社会において、必要な情報を取り出し、分析し活用する能力のことをさす。

　オンライン時代において「メディアリテラシー」というとまず「フェイクニュース」という言葉が思い浮かぶ。「フェイクニュース」は偽情報のことであるが、その情報が偽物か事実かを見分ける能力も「メディアリテラシー」のひとつである。「フェイクニュース」を拡散させる目的は、ユーザーを騙してウェブサイトへ誘導（フィッシングサイトのことで「釣り」ともいう）したり、意図的ではなくても根拠のない噂や陰謀論、災害時のデマを拡散したりするなど、様々な種類が存在する。これら「フェイクニュース」という言葉が周知され、その対策が講じられるようになったのは2016年のアメリカ大統領選以降である。当時の大統領選に当選したトランプ氏はTwitterを多用し、左派系のメディアを「フェイクニュース」として攻撃していた。トランプ氏のこのような政治利用により、それまでユーザーを騙す目的や単なる誤情報であったはずの「フェイクニュース」に、政治利用という新たな意味合いが加わった。それによって一般ユーザーのメディアへの信頼性が低くなるという現象が起きた。その頃日本では、いわゆる「森友・加計問題」が起きており、政府を批判するメディアに対し、それを「フェイクニュース」だとする

メディアも現れた。アメリカ同様日本においてもメディアへの信頼が揺らいでいった。そこで、一般ユーザーや視聴者が「フェイク」か「ファクト（事実）」かを見極める「メディアリテラシー」の重要性が強調されることになり、同時に「メディアリテラシー教育」が求められることになった。

　もちろん「メディアリテラシー」は「フェイクニュース」を見極められる能力だけではない。有害なサイトや違法情報を掲載するサイトを閲覧しないこと、個人情報が流出しないようセキュリティをかけること、他者の誹謗中傷をしないこと、著作権を侵害しないことなどもメディアリテラシーの一部である。大学生であればレポートや論文を作成する際に、必要な文献や論文をオンライン上から見つけ出す能力も必要になろう。

　今後ますます発展するICT社会において、メディアリテラシーは、本来の「リテラシー」の意味である「読み・書き」と同様に基本的なスキルとして身につける必要があり、その教育をする場を整えなければならない。例えば総務省では、情報モラルICTメディアリテラシー教材として「伸ばそうICTメディアリテラシー──つながる！わかる！伝える！これがネットだ─」（https://www.soumu.go.jp/ict-media/）を公開している。学校教育においては、2017年度改訂学習指導要領において、小学校でのプログラミング教育が必修化された。また2016年から情報教育推進校（IE-School）を指定し、カリキュラム上の情報活用能力の育成について現在も研究を進めている。その一方で指導する教師側のICTスキルの育成に課題が残る。文科省では毎年「学校における教育の情報化の実態等に関する調査」を行っている。2019年度の結果（2020年10月発表）では、「授業にICTを活用して指導する能力」に対し「できる」「ややできる」と回答した教員は69.9％にとどまり、まだ十分に活用されていない実態がわかる。一方「情報活用の基盤となる知識や態度について指導する能力」は、81.8％と割合高い数値を示した。しかし、この調査結果は注意が必要である。ここで教師に質問している具体的なICT機器とは、学習用教材ソフトやプロジェクタ機器などをさし、「情報活用の知識や態度」とは、健康面への留意やパスワード利用などをさしている。本章の冒頭で述べたような超スマート社会で活躍する機器やメディアリテラシ

ーのことではなく、Society4.0 時代の ICT 教育であることに留意したい。

3）Society 5.0 の教育に向けて

　「教育の機会均等」とは、経済的理由によって教育が受けられないということがないよう、国や地方公共団体が保証するものである。つまり、ICT 機器の有無により、教育の機会均等が守られていないのであれば、それは各個人ではなく国や地方公共団体が解決していかなければならない。決して「自己責任」で片づけられるものではない。しかし 2020 年の一斉臨時休校措置は、日本の ICT 教育の遅れとともに、経済格差が ICT 環境格差をもたらし、それが教育格差も引き起こしていたことを露わにした。また ICT の環境がなければ、メディアリテラシーを獲得しようとする意識も形成されにくい。それによってメディアリテラシーにも格差が現れているという状況だ。

　今後の社会に求められる人材は、ネットワークやオンライン、ICT に関してこれまで以上の知識技術を有し、グローバルな視点を持つ人材であることはいうまでもない。第二次から第三次産業革命時代においては、仕事に必要な能力に大きな変化はなかった。学校教育においても、その不変的な作業を想定したカリキュラムが組み立てられてきた。しかし、その古い技術では新たな IoT や AI を活用した超スマート社会での「創造」は難しいであろう。古いやり方を捨て、新たな社会生活に必要な知識・技術を獲得するための機会を、すべての人々に平等に提供することが今後の日本にとって必要な措置となる。それと同時に、捨ててはいけない技術も存在する。ロボットや AI にはできない、人間だからこそできる技術が必ずあり、それを継承していくことも必要な教育である。例えば医療や介護の現場は人の感情があって成り立っている。芸術領域も人間の繊細な感覚や手先の動きがあって完成される。警察や自衛隊、救急救命など体を張って行う仕事もまた AI には不可能だ。そして教師も子どもたちの感情を理解し、学習面だけではなく幅広い人格形成のための成長を支えるという、AI には到底できない仕事である。自ずとこれからの教師に必要な資質能力は見えてくるであろう。個人に最適な学習方法は AI が導き出してくれるかもしれないが、集団の中で学ぶことで得られる喜びや悔しさ、成長の過程で起こる悩みや葛藤への共感は人間だからこ

そできることである。変革していく社会の中で、「創造」する能力を発揮することが求められる子どもたちに、新たな技術の獲得と残すべき技術の継承、そして人間的な成長を支えていくことがこれからの学校教育であり、教師の役割となろう。

参 考 文 献

ハーヴェイ, デヴィッド著、渡辺治監訳『新自由主義—その歴史的展開と現在—』作品社、2007 年
三津田治夫監修『ゼロから理解する IT テクノロジー図鑑』プレジデント社、2020 年
渡邉正裕『10 年後に食える仕事　食えない仕事』東洋経済新報社、2020 年

第 Ⅱ 部

教育の現代的課題を考える

ここでは、第Ⅰ部で捉え直した教育の現代的課題を深く理解し、自分たちの問題として考えるために、これまで蓄積されてきた教育学や心理学の知識や言説を紹介する。まず、「教育とは何か」という教育学の根本的課題を考えることから始める。次に、教育の対象とされる「子ども」、すなわち「人間」についても再考していこう。さらに、学校教育を視野に入れながら、「何を」「どのように」「教える／学ぶのか」について、カリキュラム論と教育方法学の考え方から確認しよう。そして、最後に、近代教育制度として展開されてきた日本の学校教育の歩みを振り返り、それらを支えた西洋の近代教育思想を学ぶことにより、「教育」「学校」について考えたい。学校教育に携わるみなさんには、じっくりと教育の基本原理の学習に取り組んでほしい。

「教育」を考えるということ

1 「教育」を考えることの意味

　「教育とは何か」、あなたは考えたことがあるだろうか。私たちは幼稚園／保育所入園後、少なくとも 10 年以上教育機関で過ごしている。「教育」は誰もが経験することであり、比較的身近な事柄である。にもかかわらず、改めて「教育とは何か」を考えてみると、即答は困難であることに気づく。

　「教育原理」第 1 回目の授業で、履修している学生に「人間の教育はいつ始まると思うか」と質問したことがある。教師や保育士をめざす学生たちからは、様々な意見が出てくる。以下に、学生の意見をその理由とともに挙げてみる。

　①　お母さんの胎内にいるときから。クラシック音楽が胎教によいと聞いたことがあるし、生まれてからも胎内記憶が残っていることがあるというから。

　②　生まれた直後から。外の世界と出会って、周囲の人やいろいろなものなどの刺激を受け出すから。

　③　言葉を話せるようになってから。言葉の意味がわからないと会話もできないし、理解も深まらないから。

　④　文字が読めるようになってから。絵本や周囲の文字を読んだりして、知識が増えていくから。

　これらの意見はすべて「教育」のひとつの側面を捉えており、発言した学生の「教育観」を示すものでもある。ここでは、まず、教育の開始時期について参考になる研究を見てみよう。

　近年の「赤ちゃん研究」によると、誕生直後から赤ちゃんには、2 匹のサ

ルの顔の違いを見分ける力（9か月まで）、外国語の母音の微妙な違いや胎内で聞いていた言語の音声と異なる音声との違いを聞き分ける力（6か月まで）等の優れた能力があるという。これらの能力は、赤ちゃんの脳のシナプス（神経伝達物質）の量と質に関係するとされている。生後1年間、赤ちゃんのシナプスは大人の1.5倍＝人間の生涯で最大となるが、1年を過ぎると急速に減少して大人と同じになる。また、シナプスは常に変化しており、それとともに、前述した能力も次第に変化、増減する。このシナプスの増減は、赤ちゃんが自身の生活環境、すなわち、自分の置かれた複雑な環境へ適応するために起こっている戦略だといわれる。つまり、赤ちゃんは、シナプスの増減による試行錯誤と取捨選択を繰り返すことで自身に必要なものを残しているのである。このような赤ちゃんの戦略は人間の変化の可能性を示すものであり、「可塑性」（固体に外力を加えて変形させ、力を取り去ってももとに戻らない性質）ということができる。人間の**可塑性**は生物の中で最大であり、人間の「教育の可能性」を示唆している。

　この研究を参考に学生の意見を見ると、①は日常的によくいわれることであり、「何となく」納得できる意見であるが、胎教や胎内記憶については実証性が乏しい。②は「赤ちゃん研究」の結果に近い意見であり、現在実証研究進行中といえる。③や④は、幼時期以降の人間の学習に関する様子を「教育の開始時期」と捉えた意見といえよう。

　ところで、なぜこのように意見が分かれるのだろうか。それは、学生たちの意見＝教育観が、個人的な体験や経験をもとに形成されたものだからである。「教育」を考えるとき、教師や保育者は、「教育」についての個人的・主観的な体験や思いを客観的・実証的な視点で検証することを忘れてはならない。そのためには、これまで人類が蓄積してきた「教育」に関わる研究や実践記録を学び、それらを理解しておく必要がある。ここに、「教育とは何か」を考える意味がある。

2　語源から考える「教育」

　ドイツの哲学者**カント**（1724〜1804）は『**教育学講義**』（1803年）で「人間は

教育されなければならない唯一の被造物である」と述べている。子どもは生まれたときから、親や周囲の大人、友人、学校、地域社会から様々なことを学び、その社会で生きていくのに必要な能力、態度、価値観などを習得していく。まさに、生物学上の「ヒト」は、学びと教育を通して人間的な能力を備えた「ひと」になるのである。ここでは、その語源から「教育」について考えてみる。

　日本語の「教育」という言葉は、幕末に欧米から入ってきた英語「education」の翻訳語である。education はラテン語の educatio を音訳したものであり、16 世紀ヨーロッパの産婆術書で使用されていたという。ラテン語の educatio には、①植物の栽培、②動物の飼育、③人間の養育・教化という意味が含まれていた。オックスフォード英語辞典の education の項目には、①子ども、青年、あるいは動物を養い（nourishing）育てる（rearing）過程、②社会的地位、人が身につけるマナーや習慣、用意されている職業等に関して、若い世代を養い育てる（bringing up）過程、③生涯の労働の準備のために若い世代に与えられる組織的な教授（instruction）、教育（schooling）、訓練（training）、の 3 つの語義が挙げられており、education の意味はかなり広いことがわかる。

　また、educatio の動詞 educo には educere（エドゥケレ：外に引き出す）、educare（エドゥカレ：外から形づくる、養う）という 2 つの変形があり、educere の名詞 educit は産婆、educare の名詞 educat は乳母を意味する言葉であった。つまり、educatio は産婆が赤ちゃんを引き出すという意味と、乳母が赤ちゃんを養う（外から形づくる）という 2 つの意味を含んでいたことになる。

　したがって、education の本来の意味は新しい生命を引き出し、養い育てる過程をさすのであり、それは日本語の**産育**にあたるといえよう。いずれにせよ、education は人間を生み、養い、育てること、人間に内在する能力や資質を引き出すことを意味する言葉だといえる。

　では、education の翻訳語である「教育」の語源はどうか。まず、「教」は大人の示す模範を子どもたちが模倣し、学ぶように鞭撻することである。「教」は「教え」「教導」など知識や経験を伝達する言葉に使用されている。

それは教授し、訓練するという意味のteachingやtrainingと同じである。また、「鞭撻」には①鞭で打って懲らしめること、②努力するように励ますことという2つの意味があり、懲らしめるだけでなく励ますという意味があることに注目したい。

　一方、「育」は生命を養い育てること、成長を歪めることなく遂げさせることである。「育」は「育つ」「育む」など成長を助け、生い立たせることを表している。子どもや動物を養い育てるという意味のrearingや、人が身につけるマナーや習慣などを養い育てるという意味のbringing upと同じである。つまり、日本語の「教育」の語源には、①子どもに経験や知識を伝達し、それによって教え導くという意味と、②子どもの内部からの成長、自己形成を助成し、育て上げていくという意味との2つがある。

　このように語源から教育の意味を見ると、教育は人間を生み出し、養い育て、その能力や資質を引き出し、知識や経験を伝達することだとわかる。

3　人間にはなぜ「教育」があるのか―人間の発達と教育―

　教育は人間形成を助成するもの、すなわち、人間の発達に助成的に介入する行為である。ここでは、人間の発達と教育について見ていく。まず、**発達**と**成長**の違いを確認しておこう。「成長」とは個体の量的な拡大―身長が伸び、体重が増え、言葉を話し始めるなど―人間の量的な面での心身の変化・変容をさす。これに対して、「発達」は成長の内側で起きている質的な転換―身長の変化から生じる運動能力の変化、より筋肉の構造が複雑化し高度な機能が果たせる状態になるなど―人間の機能的な面での心身の変化・変容をさす。

　人間の発達に影響する要因としては、これまで遺伝と環境の2つが考えられてきた。遺伝を重視する研究には、有名な人物が生まれた家系を調査して遺伝の優位性を立証しようとした研究、異なる環境で育てられた一卵性双生児を対象とした研究などがあり、その場合、発達は「すべてあらかじめ遺伝的に決定されている」と考えられた。一方、環境を重視する研究には、人間の行動を学習する機会のない環境に育った子ども（**野生児**）の事例研究、**白紙（タブララサ）**の状態である新生児は経験を通して人間の精神を形成してい

くという考え方などがあり、その場合、発達は「環境や経験、学習によって変わりうる」と考えられた。

　しかしながら、現在、発達には遺伝／環境のみの影響はありえないと考えられている。実際、一人の人間の中で、遺伝的要因と環境的要因は複雑な相互作用として発達に影響を及ぼしていることから、両者を厳密に区別して研究することは不可能であり、教育的にはあまり意味がない。むしろ、教育にとって重要なのは、個々の人間の生得的な能力の違い（遺伝）を認めながらも、なお、環境によって人は発達するという事実を認識することである。

　発達と教育との関わりで把握しておくべきことは、**発達段階**と**発達課題**、**レディネス**（準備性＝特定の学習が可能になる内的な状況）である。人間の発達には、特定の年齢時期に見られる他の年齢時期とは異なる特徴のまとまりがある。それを発達段階という。発達段階は人間にあらかじめ備わっており、共通の構造を持っている。発達段階の研究としては、子どもの認知機能の発達を4段階に分けた**ピアジェ**（1896〜1980）の研究、人格発達の各段階の特徴を6つに区分した**ワロン**（1879〜1962）の研究などが挙げられる。

　また、**ハヴィガースト**（1900〜1991）は、発達の各段階で解決すべき課題を発達課題とし、乳幼児期から老年期に至るまでの発達課題を提示した。**エリクソン**（1902〜1994）も、人間のライフサイクルを8段階に分けて、各段階の発達課題を示した。発達段階と発達課題を考えるためには、レディネスが何歳頃に整うのかを知る必要がある。レディネスを的確に捉え、発達課題を克服するために、**ヴィゴツキー**（1896〜1934）は、子どもの**発達の最近接領域**（自力で解決できる水準と大人や他人からの援助によって解決可能になる水準の間）に、教育／保育者が適切に働きかけることの重要性を指摘した。

4　子育てと教育

　一般に、子どもの成長・発達に関わる最初の大人は親であり、私たちは親の養育行動を「子育て」と呼んでいる。ここでは、子育てと教育の関わりについて見ていく。

　動物学者の**ポルトマン**（1897〜1982）は、人間以外の高等哺乳動物が生きて

いくための基本的な能力をほとんど身につけて生まれてくるのに対して、人間は生存に関わる諸能力を身につけずに生まれてくることに注目し、人間一年早産説＝**生理的早産説**を主張した。誕生時、人間は歩くことも、道具を使うことも、言葉を話すこともできない、非常に未成熟な状態である。人間の乳児は1年以上かけて、人間の本質的な特質（直立二足歩行、道具・言語の使用）を獲得していくが、そこには、周囲の大人たちの丁寧な世話と養育（＝子育て）とが必要不可欠である。そのため、人間の社会には子育ての様々な工夫が見られるのである。

　子育てと教育を考えるとき、ポルトマンの生理的早産説は示唆に富む。人間の社会は「教育」という言葉が生まれるずっと以前から、子育て＝次世代の育成をしてきた。生物学的にも未熟な状態で生まれた子どもを、ともかくも人間の社会で生きていける状態まで育てなければ、人類は滅びてしまう。だから、人間は、ともに生活する集団（拡大家族、共同体、地域など）の中で子どもを育ててきた。その際、子育てを担ったのは産んだ親（母親）だけではなく、祖父母、叔父叔母、兄弟姉妹、近隣の人々など多様であった。このように、地域全体で子どもを育てていくことが「子育て」だったのである。

　親が中心になって子育てをするようになったのは、「教育」という言葉が頻繁に使用されるようになった近代以降である。「子育て」の時代、子どもは家や地域の仕事を手伝いながら、いわば生活を通して、その社会（家や地域）で必要とされる知識・技能、体力、感情のコントロールの仕方、知恵やコミュニケーション力などの社会的能力を身につけていった。しかし、商品経済の進展とともに社会が複雑化し、読み書き計算などの知識や技能が必要になり、家や地域での「子育て」から学ぶことだけでは、十分な生活を送ることができなくなった。そこで、文字や計算を学ぶ施設—近世日本の場合は寺子屋や私塾、後の**近代学校**—が生まれた。つまり、学校を中心とする「教育」は、近代以降、歴史的な要請のもとで「子育て」を補塡する形で誕生したのである。

　現在、**子どもの権利に関する条約**第18条「親の第一次的養育責任と国の援助」も示しているように、子どもを育てる養育責任は親たちにある。しか

しながら、「子育て」を親のみで行うことは困難である。その意味で「子どものケアのための機関、施設、およびサービス」という「国の援助」、地域の支援が必要になってくるのである。

5　学ぶことと教えること

　前述したように、人類は「子育て」のシステムを整えることで、世代交代を重ね地球上に生き残ってきた。その背景には、「子育て」のシステムを継承できる、人間の優れた「学ぶ」能力と「教える」能力が存在した。

　周知のように、すべての生物には、生存に必要な情報が遺伝子にインプットされている。生物の中には、この遺伝子情報によってのみ世代交代を重ねるものもあるが、誕生後の「学習」によって様々な能力を獲得するものも存在する。近年の研究では、鳥類や哺乳類の学習能力はかなり高いことがわかってきている。しかし、鳥類や哺乳類の多くは、学習によって獲得した能力を伝達することはできないとされている。

　これに対して、人間は、個体が学習によって獲得した能力を他の個体に伝える能力＝「教える」能力を持っている。人間は「教える」ことによって、それぞれの個体が獲得した能力や経験を文化という形で、次世代に伝達することができる。人間は学ぶことと教えることを通して、多様な文化や文明を継承し、高度で複雑な社会を形成・維持してきたのである。教育は人間社会固有の営みだといえる。

　前述した赤ちゃん研究によると、生後9か月の赤ちゃんが外国語を学習する場合、教材用VTRを視聴させる方法より、人間が直接話しかける方法の方が明らかに有効であったという。人を介した適切な教育方法が、赤ちゃんの学習能力を引き出し、高めたのである。

　また、教える側の「教育」という行為には、常に、教えられる側の「学習」が伴う。すなわち、赤ちゃんに学習能力があるから、教えることができたのである。教育は学習を前提として成立するが、学習は教育がなくても成立する。自己学習が可能だからである。ただ、教えられることで学習能力が刺激／覚醒され、学習が進展するということは考えられる。

　「教えることは学ぶこと」といわれるように、「教える」ためには教える内容はもちろん、その内容に関わることや一見関わりがないようなことであっても、広く深く「学ぶ」ことが必要である。教育実習を終えて、大学に戻ってきた学生が必ずいうことは、「もっといろいろなことを学んでおけばよかった」「いろいろな子どもに接しておけばよかった」である。学生は「教える」ことを経験して、「学ぶ」ことの重要性に気づくのであろう。

6　教育には目的がある

1）教育の目的を考える 3 つの視点

　前述したように、子育ては人類の歴史とともに、現在も継続されている人間の営みであるが、教育は特に近代以降、意図的計画的諸活動として顕在化してきた。したがって、教育には「何のために教え導くのか」＝「何のために教育が行われるのか」という、明確な「目的」が存在する。これが、教育の目的である。ここでは、教育の目的を「教育において意図している／されている事柄」と定義し、以下の 3 つの視点から見ていく。

　一つ目は、「人間に内在する能力や資質を引き出す」視点である。この場合、教育の目的は、「一人ひとりの人間がその能力や資質を十分に発達させ、自己を実現すること」、すなわち、個人の形成となる。例えば、近代教育学・教授学の祖**コメニウス**（1592〜1670）は、人間は生来植物や動物にはない独自性（**卓越性**）を備えているので、教育の目的はその独自性を発芽させることであるとした（『**大教授学**』1657 年）。また、**ルソー**（1712〜1778）は、教育の目的を「人間に内在する本来の力を発揮させること」として、大人による注入主義を否定し、子どもの自然な成長力や活動性に従う教育（**消極教育**）を唱えた（『**エミール**』1762 年）。ルソーの影響を受け、ノイホーフやシュタンツなどで孤児や貧民子弟のための学校を開き、「民衆教育の父」と呼ばれた**ペスタロッチ**（1746〜1827）は、教育の目的は道徳（心）、知識（頭）、技術（手）の調和的育成にあるとし、とりわけ、人間が人間らしくなるための自律性に基づいた道徳的な力（態度・行動）の育成を重視した（『**隠者の夕暮れ**』1780 年、『**シュタンツ便り**』1799 年）。

　二つ目は、「経験や知識を伝達し国家・社会の一員を形成する」視点である。この場合、教育の目的は、「文化的価値の伝達、社会生活に必要な能力の育成により、国家・社会の構成員を育てること」、すなわち、「国民」の育成となる。例えば、**プラトン**（BC.427～347）は、教育の目的を「理想の国家に有用な人材を育成すること」として、人間を統治者（支配者）、防衛者（軍人）、生産者の３つの階級に分け、生産者には節制、防衛者には勇気、統治者には為政者としての知恵を身につけさせ、各々の人間が国家の発展のために役立つことを理想とした。公教育の原理である「教育の機会均等」「教育の中立性」を構想した**コンドルセ**（1743～1794）は、教育の目的は市民間の真の平等の確立、法律上規定されている政治的平等の実現であるとし、「国民」を育成するために学校教育制度の確立を求めた（『**公教育の原理**』1791 年）。社会学の祖**デュルケム**（1858～1917）は、子どもを社会に同化・適応させて社会を維持し、世代を超えて持続する社会をつくることが重要だとし、教育の目的を「国家・社会を維持／継続するための構成員の育成」とした（『**教育と社会学**』1922 年）。

　三つ目は「教育法規上の規定」の視点から見た教育目的である。現在、多くの国々が国民の育成を前提とした教育の目的を、それぞれの教育法規に明記している。日本では、まず、**教育基本法**の前文において、「…個人の尊厳を重んじ、真理と正義を希求し、公共の精神を尊び、豊かな人間性と創造性を備えた人間の育成を期するとともに、伝統を継承し、新しい文化の創造を目指す教育を推進する」とし、日本のめざす教育について規定している。続けて、教育基本法第 1 章教育の目的及び理念第 1 条教育の目的において、以下のように教育の目的を明記している。

　　　教育は、人格の完成を目指し、平和で民主的な国家及び社会の形成者として必要な資質を備えた心身ともに健康な国民の育成を期して行われなければならない。

　また、1989 年、国際連合で採択された「子どもの権利に関する条約」は、国家や民族を超えた地球的規模での「子ども」の視点から教育の目的を規定

している。第 29 条「教育の目的」には、「子どもの人格、才能ならびに精神的および身体的能力を最大限可能なまで発達させること」「人権および基本的自由の尊重ならびに国際連合憲章に定める諸原則の尊重を発展させること」など 5 項目が挙げられ、教育の最低限度の基準についても明記されている。

2）教育目的の歴史性

ところで、最後に、教育目的の歴史性について考えておきたい。これまで見てきたように、教育の目的はそれぞれの視点で異なることがわかった。ドイツの哲学者・教育学者**ディルタイ**（1833〜1911）は、教育の目的は歴史的に制約されているゆえ普遍妥当ではありえない、という。彼は、教育の理論は教育の実践から生まれると考え、実践は個別具体的である─まったく同じ実践は二度と行えない─から、そこから導き出された理論も永遠不変ではありえないとした。教育の目的も、人々の社会生活上の教育実践から派生する理論であるから、いつでもどこでも当てはまるような教育目的は存在しないということになる（『精神科学序説』1883 年）。

しかし、それは、「教育の目的は考えなくてもよい」「教育の目的は一過性であるから価値が低い」ということではない。むしろ、教育の目的は時代や社会状況を見極めながら、次の時代に求められることを常に再考し、慎重に考えなければならない、ということを意味しているのである。教育は次の世代の成長を援助する人々の日々の営みであり、歴史的・社会的条件に拘束されながらも、人間が生きるための力量の形成を目的としている、ということができよう。

7 「教育」の限界を踏まえて

これまで、教育について様々な観点から考えてきたが、最後に、以下の 2 つの事例を参照しながら「教育の限界」について考えたい。

　　【事例 1】5 歳の男の子が、近くの畑のゴマの葉に芋虫のような幼虫を見つけた。彼はその幼虫を、自分の胸にできる限りたくさんつけて家に帰った。家に着くなり、母親に向かって「ママ、見て、勲章！」と叫んだ。虫の大嫌い

　　な母親は、男の子を見て、思わず大声を上げそうになった。以下は、母親と
　　男の子の会話と反応である。
　　　母親：あなたの勲章、動いているね。だから、ママは、その勲章、多分生
　　　　　　きていると思うんだけど。
　　　男の子：（胸の幼虫をじっと見つめて）うん！　生きてるよ、動いているから。
　　　母親：そうね、元気に動いているから、生きているよね。だけど、胸につ
　　　　　　けたままにしておいたら、おなかすかないかな。
　　　男の子：（じっと幼虫を見つめて）……。
　　　母親：あなたも元気に遊んだら、おなかがすくでしょう？　お家でおやつ
　　　　　　食べるよね。
　　　男の子：（動き回る幼虫をじっと見つめて）……お家に帰してくる！
　　男の子は走って、もとの畑のゴマの葉に幼虫を帰してきた。

　このとき、この男の子は何を思ったのだろうか。母親の言葉から、何を考
えたのだろうか。少なくとも、この男の子は、①幼虫は動いているから生き
ているであろうこと、②生きている幼虫は何かを食べるであろうこと、③自
分の日頃の経験と照らし合わせると、幼虫は家で何かを食べるであろうこと、
の３つのことに気づいたと推測できる。男の子は、気づいた３点のことに対
してどうすればよいかと考えた結果、「幼虫をもとの畑に戻す」という行動
をとったと推察できる。母親は、単に幼虫を何とか畑に戻させたかったのか
もしれない。だとすると、母親の意図は男の子の行動によって達成されたと
いえるが、男の子の気づいたことは推測した通りなのか、外側から判断する
ことはできない。そもそも、母親は上述した①～③について気づかせたかっ
たわけではないだろう。つまり、母親の意図と男の子の気づいた内容、すな
わち、男の子がこの経験から学んだこととは別のものだといえる。
　また、男の子は、「おなかがすくでしょう」という母親の問いかけに対して、
「家で、幼虫に餌をあげよう」と幼虫を飼うことを思いついたかもしれない。
この場合は、母親の意図しない結果が生まれることになる。さらに、男の子
は、母親の問いかけに関心を示さず、「勲章、みんなに見せてくる！」と走
り出してしまったかもしれない。あるいは、「どっちでもいいよ、僕の勲章
なんだから」と、男の子は母親の言葉を「余計なおせっかい」と捉えたかも
しれない。すなわち、こちら（事例の場合、母親）の意図通りに、男の子＝他

者が行動を選択してくれるとは限らないのである。

　この事例は、たまたま、この母親とこの男の子の組み合わせだから成立したのである。すでに述べたように、教育における学習は「そのとき、その場で、その学びに関わっている人々の中で起こる」ことであるから、時間や空間、環境など個別具体的な要因に左右されるのである。

　【事例2】2学期を迎えた小学校4年生のクラスで、教師が、夏休み中の宿題「お手伝いの記録」を集めていた。担任の教師は1学期終了時に、「長い夏休みですから、おうちの人のお手伝いをしましょう。普段できないことにも積極的に取り組んで、記録をつけましょう」と宿題を出していた。
　ところが、児童のAさんは、何も書かれていない真っ白な記録用紙を提出した。教師は、いつも真面目なAさんの記録用紙を見て驚いた。以下は、Aさんと教師の会話である。
　教師：Aさん、夏休み中に家の人のお手伝いをすることが宿題だったね。
　Aさん：（教師の目を見て）はい、宿題でした。
　教師：あなたの「お手伝いの記録」は真っ白だけど、お手伝いできなかったのかな？　それとも、しなかったのかな？　忘れた？
　Aさん：（はっきりとした口調で）いいえ、忘れたわけではありません。
　教師：じゃあ、なぜお手伝いをしなかったの？
　Aさん：先生、私はお手伝いはしなかったけど、毎日、新聞をとってきたり、お箸を並べたり、洗濯物を畳んで片づけました。でもそれは、お手伝いではありません。だって、私がその仕事をしないと、家族のみんなは新聞も読めないし、ご飯も食べられないし、着替えもできません。
　教師：（しばらく考え込んで）そうですか。Aさんは「お手伝い」はしなかったけど、「家の中のAさんの仕事」はしたんですね。
　Aさん：はい、だから「お手伝いの記録」は書けませんでした。

　もし、あなたがこの担任教師だったら、Aさんにどのように対応するだろうか。この教師は、「お手伝い」を「家の人が本来するべき仕事を代わりにする／助けること」と捉え、子どもの家での仕事は「お手伝い」であると考えていた。しかし、Aさんにとって、自分が日頃家でやっている仕事は「家の人の仕事を代わりにすること（お手伝い）」ではなかった。それは「家族の

中で自分がするべき仕事」であり、家族の一員として果たすべき役割だったのである。それゆえ、Aさんは「お手伝いの記録」を記入できなかった。

　この場合、教師の「お手伝い」に関する認識は、一般的に見て誤りではない。しかしながら、その認識を超えたところで、Aさんは家族の中の役割＝仕事を果たしていた。「お手伝いの記録」の提出を求めた教師がおそらくめざしていたであろうこと、すなわち、児童の「お手伝い」が一歩進んで「家族の中の子どもの役割／仕事」として定着することを、Aさんはすでに達成していたのである。

　教育／学習において、学ぶ側が、教える側の意図したことをその通りに学ぶとは限らない。あるいは、教える側の意図をはるかに超えた学習が、学ぶ側に成立することもある。人々が経験的にわかっているように、教育は、教える側の思い通りにならなくて当たり前なのである。その意味で、「教育には限界がある」といえる。したがって、教育に携わる者は「教育は何ができて、何ができないのか」「教育は何をすべきで、何をすべきではないのか」を見定めておく必要がある。

参 考 文 献
勝野正章・庄井良信『問いからはじめる教育学』有斐閣、2015年
木村元・小玉重夫・船橋一男『教育学をつかむ』有斐閣、2009年
広田照幸・伊藤茂樹『教育問題はなぜまちがって語られるのか？』日本図書センター、
　2010年

子どもをどう見るか、どう見られていたか

1　人間を規定するもの―遺伝と環境、成熟と学習、生得と経験―

　本章では、子どもや大人をどのような存在と見るのか、子どもから大人に育っていく過程をどのように捉えるのか、また、よい大人に育てようとする教育をどのような働きかけと考えるのかなどについて、主に知的側面に焦点をあて、心理学の知見によりつつ考えたい。

　われわれの周りには、様々な人間がいる。一人ひとりの性格も容姿も、得意なことも苦手なことも、それぞれに違っている。このような人間の多様性はどこから生まれるのだろうか。また、人間は多様でありながら、なぜ、人間という共通した特徴を持つ存在でもあるのだろうか。

　人間の多様性と共通性を生む要因は、大きく**遺伝**、**環境**に分けて考えることができる。遺伝は、DNA に記されている遺伝子によって、親から様々な資質が伝えられる仕組みである。人間としての共通した資質や特徴をわれわれが持っているのは、人間としての遺伝子を共有しているからであることはいうまでもない。

　人間以外の動物の中には、遺伝によってその形質や行動がほぼ決まっているものが多い。一方、人間の場合、瞳の色など、遺伝によって受け継いだものが大きく影響するものもあるが、生まれた後の（あるいは受精した後の胎内を含めた）環境が、その資質の形成に大きな影響を与える。わかりやすい例は言語の習得であろう。われわれは何らかの言語を母国語として用いているが、母国語は育った社会的文化的環境によって異なる。言語という複雑なものを習得し操ることができるのは、人間が遺伝として共通に持つ優れた資質のおかげである。しかしながら、その優れた能力によってどの言語を習得するか

は、生まれ育った環境が大きく影響する。

　ところで、言語の例に見られるように、人間にとって遺伝と環境の両方が重要であることは確かであるとして、では、遺伝と環境の果たす役割はどのような関係にあるのだろうか。遺伝で決まっている部分が大きいのだろうか。環境によって定まる部分が大きいのだろうか。

　人間の発達の中で遺伝と環境がどのように関わり合っているのかを考えるのは簡単ではない。かつて、何々家の血筋を引くということが大きな意味を持った時代には、遺伝が人間の資質に大きな影響を与えていると考えられていたと思われる。しかしこのような発想は、昔に限ったことではなく、現在のわれわれも普通に行うことがある。例えば、名優を多く輩出している歌舞伎の名門を見て、役者としてのすばらしい遺伝子が代々受け継がれていると考えることはないだろうか。また、テレビに出演している親子タレントを見て、この親の血を受け継いでいるからこの子が育ったのだろうと考えたりはしないだろうか。こうしたとき、われわれは、遺伝が大きな役割を果たしていると考えている。

　しかし、ほんの少し考えれば気づくのだが、歌舞伎の名門の家は、ほかのどの家庭よりも、圧倒的に、歌舞伎や伝統芸能を習得するのに適した環境であるに違いない。親がテレビタレントの家も、テレビタレントとなるにはかなり恵まれた環境であろう。このように考えると、これらの事例は、遺伝の役割を示しているかもしれないけれども、それ以上に、環境の重要さを示している例と考えることができる。かつては、遺伝と環境の関係を調べるために、学者や音楽家を多数輩出した優秀な家系や、犯罪者などを多数生み出した家系の研究がなされたりしたが、これらの研究も遺伝要因と環境要因を明確に分離できないものであった。そもそも遺伝と環境それぞれの影響を明確にしようという問題設定は適切ではなく、両者が密接に関わり合うメカニズムに注目する必要がある。

　遺伝と環境に関係する言葉に、**生得**、**経験**がある。生得とは生まれながらにして持っているということであるから、これは遺伝的に持つ資質とほぼ同じものをさすと考えられる。一方、生まれた後の環境の中でわれわれは様々

な経験をするのだから、経験は環境と深く関わるものである。**ロック**（1632〜1704）は、人間は生得的な観念は持たずに白紙の状態（**タブララサ**）で生まれ、その後の経験の中で様々な観念を学んでいくと考えたが、このような経験主義は、環境の重要性を主張していると考えられる。

　成熟、**学習**という言葉もある。人は、発達の過程で様々な能力を獲得していくが、遺伝的に持っている資質が発達の中で発現してくる側面を強調するときに成熟という。一方、人が、環境の中で何らかの経験をすることによって資質を形成していくという側面に注目する場合には学習という。遺伝と環境の場合と同じように、成熟と学習も相互の関係を考えることが重要である。例えば、あることを学習するにはその学習に適切な成熟状態がある。このような状態を**レディネス**と呼ぶ。

　教育は、人間が発達し資質を開花させていくための環境に大きく関わる営みである。人間は、子どもを育てる文化的ならわしや社会的制度という環境を整えてきたが、それらの人間がつくりだした環境の中でも、学校教育制度は、最も組織的で大規模な、人間の発達を目的とした環境である。教育制度という優れた環境があって初めて、人間は遺伝的に持っている資質を大きく広げ、現代の高度な社会に生きる資質を備えた人間となることができる。

2　人間はどのように学習するのか

1）行動主義

　人間の資質が、環境の中で様々な経験をすることによって習得されていくものであるとして、その学習はどのような仕組みによるのだろうか。

　学習の仕組みを研究し、心理学の発展に大きく寄与したのが**ワトソン**（1878〜1958）である。ワトソンは、パブロフ（1849〜1936）が発見した条件づけの研究を進め、教育や治療にその成果を応用するとともに、心理学の研究方法を大きく変えた。

　ワトソンの有名な言葉に、「私に1ダースの健康でしっかりした子どもと、彼らを育てる私自身の特別な世界を与えてくれるなら、その才能、性癖、性向、能力、親の職業や人種に関係なく、子どもを医師、弁護士、芸術家、社

長、そしてさらに物乞い、泥棒など、私が選んだあらゆる種類の専門家に育てると保証しよう」という言葉がある。彼は、徹底して経験を重視し、人間を形成するのは遺伝ではなく経験による学習だと考え、また、自分の研究成果によって、人間にあらゆる可能性を与えることができると考えたわけである。

ワトソンをはじめとする心理学の一派を行動主義と呼ぶ。**行動主義**の心理学は、人間（に限らず動物も）の心を探究する際に、見たり観察したりできない心を直接調べることはせず、代わりに、人間や動物に様々な刺激を与え、それに対してどのような行動（反応）を返すかを調べた。これらの刺激や行動（反応）ならば精密に観察し測定することができるし、与える刺激やその場の条件を少しずつ変えながら実験をすれば、刺激や条件によって行動がどのように変化するかを調べることもできる。このような実験的手法を導入することによって、行動主義は心理学の研究を大幅に変え、実験によってデータを入手して仮説を検証するという、物理学や化学などの自然科学に似た研究方法が用いられるようになった。

外界から刺激を与えそれが引き起こす反応に注目するというこの研究方法は、外部から与える刺激によって人間の行動をコントロールできるという考えと表裏一体である。また、心の中を直接には探究しないのだから、刺激と反応の結びつき方は基本的にあらゆる可能性があるという仮定を置いていることにもなろう。先のワトソンの言葉に見られるように、人間は、刺激によっていかようにも行動の表れ方が変わりうるのだということになる。

これはいかにも機械的な人間観であり、あまりにも人間を単純化し過ぎているといえよう。しかしその一方で、この発想は、生まれた後の環境の中でどのようにも変化しうる、限りない可能性を秘めた存在として人間を捉えている考え方だということもできる。

ワトソンの行動主義は、その後の心理学研究を大きく進め、のちに、オペラント条件づけ（道具的条件づけ）を見いだした**スキナー**（1904～1990）が登場する。生理的な刺激・反応を基本にしたワトソンの研究に対して、スキナーは、随意的な行動を賞罰によってコントロールすることを考えた。その結果、生理的な刺激・反応よりもはるかに多くの行動に対して行動をコントロール

する方法を生み出し、それを多くの分野に応用していった。

　このように書くと、機械的で単純な人間観に基づいて、人間の行動をより細かくコントロールする方向に研究が進んだということにもなるが、しかし、人間の反応をより詳しく考慮して、より人間に適した働きかけ方を考えるようになったと捉えることもできる。

　例えば、教育の分野では、当時急速に普及し始めたコンピュータ（今のパソコンとは異なり、大型のメインフレームと、それに接続した端末からなるコンピュータ）を用いて、コンピュータが教師役となり、個々の学習者の学習を管理し導く**プログラム学習**の研究が進められた（プログラム学習とはプログラミングの学習ではない。学習課題や学習行動を詳細に分析して詳細な教育プログラムを作成し、それをコンピュータに載せて、コンピュータが個々の学習者に適切な課題等を順次提示するという方式をさす）。

　プログラム学習では、スモールステップ、学習者ペース、積極的反応、即時強化といった原理が用いられる。スモールステップとは、学習課題を分析して、目標の達成に必要な要素に細かく分解し、それをひとつずつ、とりこぼしがないように着実に学んでいくようにすることをいう。そのためには、学習者の学習プロセスを詳細に調べ、理解する必要がある。着実に学習が進むためには、教える側のペースで進めるのではなく、学習者一人ひとりのペースに合わせて学習を進める必要がある（コンピュータによって、個別の学習者への対応が可能となった）。また、学習者には課題ごとに自分から反応を促し（積極的反応）、反応の適切さについてその都度すぐにフィードバックを与える（即時強化）。

　行動主義は、人間を機械のように見立て、外界からの刺激に対する反応を生起させ、その発現頻度や強度をコントロールしようとする側面もある。一方、それと同時に、環境を重視し、われわれの多様性と可能性を信じ、プログラム学習に見られるように、学習プロセスを詳細に分析し、学習者のペースに合わせ、学習者の能動的な行動を重視し、絶えず一人ひとりにフィードバックを与えるというように、一人ひとりの学習者を中心にして教育を組み立てていく、個に対応する視点を強く持ったものでもあった。

2）認知主義

　学習のプロセスを考える場合、**ピアジェ**（1896〜1980）をひとつの源流とする、認知心理学の系譜も重要である。

　ピアジェも知的能力の発達に環境が重要であると考えたが、環境に対して人間が積極的に働きかけ、環境からはその働きかけに対する反応が返ってくるという、人間からの働きを含めた環境との相互作用を重視して、知的発達を考えた。ピアジェの用語は独特である。人間が持っていて環境に働きかける際に用いる、外界を認識するツールを**シェマ**と呼び、環境に働きかけてそれを取り入れる（認識する）ことを**同化**、環境がシェマに働きかけ、シェマをより適切なものとしていくことを**調節**と呼んだ。また、環境との同化、調節の相互作用の中で、シェマはより適切に外界に働きかけ、外界を理解する道具となっていくが、このような状態に至ることを**均衡化**と呼ぶ。

　ピアジェは、知能の発達が、**感覚運動期、前操作期、具体的操作期、形式的操作期**の４つの段階からなると述べた。それぞれの段階で、人間が外界を理解するために用いる主たるシェマは異なる。段階の名称に使われている**操作**もピアジェの独特な用語であるが、心の中の対象に（体系的に）働きかける能力といった意味である。

　ピアジェによる知能の捉え方を見るために、前操作期の思考の特徴を示す**三つ山課題**という実験について紹介しておくことにしよう（図5-1）。３つの山でできた、１メートル四方の模型の手前に子どもを立たせ、反対側や横から見た景色がどのようになっているかを問う課題である。前操作期（2〜6歳頃）の子どもは、このような問題を出されると、自分がいる場所から見える光景を、ほかの場所から見える光景として答えてしまう。ピアジェによれば、これは、幼児の**自己中心性**が表れた思考の一例である。ここで自己中心というのは、わがままという性格的な特徴を表しているのではない。自分の立場、自分の視点からの見え方から離れて、それとは別の他者の視点に立って考えることができない認識や思考の特徴をさす。三つ山課題でいえば、自分の右にある峰は反対から見れば左にあり、自分から見えている小屋は相手からは山が邪魔になって見えないという、自分とは別の視点をうまく考えることが

できないことを、自己中心的と呼んだのである。このような、対象の見え方に引きずられた誤りは、前操作期の子どもが示す様々な思考の特徴となっている。

ピアジェによれば、その後の具体的操作期を経て、12歳頃に、人間は形式的操作期に到達する。様々な知識はその後も獲得していくが、そのような知識や情報を扱う思考の論理形式は、この段階で、外界の見え方に囚われることなく、また具体的な事物を離れて、仮定をもとにした論理的演繹的思考ができるものになるとされる。

ところで、ここに示されるような、ある年齢（発達段階）には、固有で一

図5-1　三つ山課題

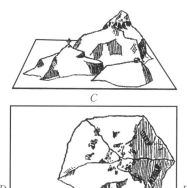

出典：藤田哲也編著『絶対役立つ教育心理学』
ミネルヴァ書房、2007年より

貫した思考の特徴が見られるという知見は、行動主義が主張する、外界からの刺激に対する反応によって学習が成り立つという考えでは十分に説明できない。また、これは、われわれの知的能力のもとには何らかの一貫した思考形態が存在していると主張しているのであり、心理学の研究は、心の中にあるその思考形態を探る必要があることになる。教育と関連づけていえば、あることを習得するためには、課題を緻密に分析し、それを順序立てて習得していくだけでは十分ではないことになる。むしろ、個別の知識やスキルの習得以上に、それらを扱う思考方法や、知識やスキルが頭の中で相互に関係し合っている構造が重要だということになる。

3　人間の知性

1）大人の非論理性

ところで、学習観、発達観には違いがあるとしても、子どもは大人と比べ

て知的能力が未発達であり、論理的な思考がうまくできず様々な誤りに陥りやすいが、大人は理性的で論理的な存在であるという人間観が、かつては共有されていたと思われる。

　しかし、認知心理学や社会心理学、行動経済学などが示す人間像は、むしろ、論理的な思考が必ずしも得意ではなく、論理的だと思っている思考に様々な落とし穴が潜んでいる大人の様子である。また、一方、論理的な思考がうまくできないと思われていた子どもたちが、適切な状況のもとに置かれたときには、適切な思考を行えることも示されてきた。

　大人であっても、実は論理的に考えるのは必ずしも得意とはいえないことを示す、今となっては古典的な研究である、ウェイソン（1924〜2003）の**4枚カード問題**を用いた研究がある。

　問題1：図5-2のように4枚のカードが並べられている。カードはいずれも、片面にはアルファベットが、その裏側の面には数字が書かれている。図では、2枚がアルファベットの面、2枚が数字の面を上にして置かれている。これらのカードに関して、「母音のアルファベットの裏面には偶数が書かれている」という規則が成り立っていることを調べたいのだが、そのためには少なくともどのカードを裏返す必要があるか。

　この問題を読んだときに、意味がわかりにくいと感じ、意味を確かめるために読み直した人もいるかもしれない。実際、この問題はなかなかの難問であり、正答率は10％程度である。

　この問題の答えを確認する前に、別の問題を考えよう。

　問題2：図5-3のように4枚のカードが並べられている。カードはいずれも、片面には飲み物の名前が、その裏側には数字が書かれている。これらは、あるレストランで客が注文した飲み物と、その飲み物を注文した客の年齢である。「アルコール飲料を注文するのは20歳以上でなければならない」という規則が守られていることを確認するためには、少なくともどのカードを裏返す必要があるか。

　こちらの問題の意味はわかりやすいだろう。読み直す必要もないと思われる。答えは「ビール」と「16」の2枚である。ビールの裏側には20以上の

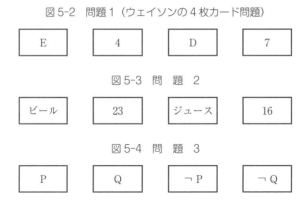

図 5-2　問題 1（ウェイソンの 4 枚カード問題）

| E | 4 | D | 7 |

図 5-3　問　題　2

| ビール | 23 | ジュース | 16 |

図 5-4　問　題　3

| P | Q | ￢ P | ￢ Q |

数字（年齢）が書かれていなければ注文を受けることはできない。また、16（歳）と書かれていたら、アルコールを注文していないかどうかを確認する必要がある。「ジュース」は誰が注文してもよいから、わざわざカードを裏返して年齢を確認する必要はない。23（歳）ならば何を注文しても問題ないから、注文を確認する必要はない。この説明にも特に難しいところはないと思う。

　ここまで読んで、問題 1 は問題 2 と論理的に同じであることに気づいた人も多いだろう。答えの説明も論理的にはまったく同じである。E という母音の裏側に奇数が書かれていてはルールに反するので、裏返して数字を確認する必要がある（これを間違える人は少ない）。もうひとつ、奇数の裏側が母音であってはルールに反するので、7 という奇数が書かれているカードを裏返して、母音が書かれていないことを確かめる必要がある。答えは E と 7 の 2 枚である。D の裏には何が書かれていても問題ないので裏返す必要はない。4 の裏側は、母音であればもちろん規則通りであるし、子音であっても、子音の裏に偶数が来ることは禁じられていないから、4 を裏返す必要はない。

　論理的に同じであるにもかかわらず、難しさは異なる。上で「論理的に同じ」と述べたが、論理的には同じなのに難しさが違うとすれば、これらの問題を解くときに、われわれは論理だけでなく論理以外の何かを用いているらしい、ということになる。

表 5-1　問題 1〜3 の整理

P	Q	P→Q		わかっている条件	P→Q	問題 1	問題 2
T	T	T	P	前件肯定	後件の TF により TF が変わる	E	ビール
T	F	F	Q	後件肯定	前件の TF によらず T	4	23
F	T	T	￢P	前件否定	後件の TF によらず T	D	ジュース
F	F	T	￢Q	後件否定	前件の TF により TF が変わる	7	16

　ちなみに、この問題を図 5-4 のように表し、

　問題 3：4 枚のカードの表に命題 P が、その裏には命題 Q が書かれている。

　　P→Q が真であることを確かめるには少なくともどのカードを裏返す

　　必要があるか。

と問うこともできる。これも論理的には同じであるが、非常に難しくなる。

なお、これらの関係は表 5-1 にまとめてある。

　問題 2 を考えるとき、われわれは日常的によく知っている、社会的規則に

ついての知識を利用し、それをそのまま当てはめて解答を導くことができる。

このように**既有知識**は、われわれの思考にとって非常に重要な役割を果たし

ている。問題 1 は、そこに出てくるアルファベットや数字はよく知っている

ものの、アルファベットや数字に関するこのような規則は日常にはないため、

問題に示されている条件を頭の中で論理的に整理し、仮説を立てて具体例を

ひとつずつ検証して考える必要が生じる。問題 3 では具体的な事象にまった

く触れていないため、純粋な論理規則だけをたどって思考しなければならな

くなる。

　ここに示されているように、大人が「論理的」に考えているとき、純粋な

論理規則に従って考えているというよりも、知識や、具体的なものについて

の仮説的状況を利用しながら考えていることが多い。必ずしも純粋な論理規

則に従って考えているわけではないのである。

2）子どもの論理的思考

　一方、子どもの思考については、豊かな日常的知識を活かして思考する様

子が様々に示されている。これもひとつだけ例を挙げておこう。

　計算問題 1：太郎君はアメを 8 個持っていました。おやつの時間になった

ので、3個食べました。今、太郎君はアメを何個持っているでしょう。
この問題に対しては、幼稚園児でもみな正答した。ところが、

　　計算問題2：太郎君はアメを何個か持っていました。おやつのときにお母
　　　さんから3個もらったので、今、8個になりました。太郎君ははじめに
　　　何個アメを持っていたでしょう。

という質問に対する正答率は激減し、幼稚園児で10％以下、小学校1年生
でも30％以下となった（Riley, M. S., Greeno, J. G. & Heller, J. I., Development of chil-
dren's problem-solving ability in arithmetic, 1983）。いずれも式で表せば8−3＝5と
同じになるが、子どもにとって難しさはだいぶ異なる。これはなぜだろうか。

　すぐに気づくのは、最初の問題は8、3、未知数（求めるべき数）という順に
数字が出てくるので、その順に式を組み立てれば解が得られるのに対して、
2番目の問題は、文中に数字が出てくる順は未知数、3、8となり、正しい計
算をする（式を組み立てる）には順番を入れ替える必要があるということである。
これは難易度のひとつの理由となりそうである。

　しかし、それほど単純ではない。

　　計算問題3：太郎君はアメを8個、花子さんは3個持っています。太郎君
　　　は花子さんより何個多いでしょう。

という質問に対しては、幼稚園児で17％、1年生でも28％の正答率であった。
いずれも出てくる通りに数字を並べれば解が得られるにもかかわらず、正答
率は大きく異なるのである。これはなぜだろうか。

　実は、計算問題1、2と計算問題3では、問題の意味が異なっている。1、
2ではアメの数の変化（増えた、減った）を問われているのに対して、3では、
数の変化ではなく2つの数の比較が求められている。アメの数は増えも減り
もしていないのである。子どもにとって、計算は単なる数式として存在して
いるのではなく、経験の中で自分が関わりを持つ、数についての理解や数を
操作する必要性と結びついていることが示唆される。

　もう少し考えてみよう。計算問題2は、未知数が最初に出てくるから難し
いのだと述べた。

　この問題に対して、次のような工夫をして出題した例がある（塚野弘明「加

減算の文章題における幼児の変数概念の理解と活動の文脈」1992 年）。中が見えない袋にアメを入れて、これを子どもに示し、「今、この袋の中にアメがはいっています。おかあさんが来て、あめを 3 つくれました」（といって、子どもの前で袋の中にアメを 3 つ入れる）。その後で、「じゃあ、袋を開けてみようか」といいながら、子どもの前で袋を開けてアメを数え、「アメは 8 つだね。じゃあ、最初に袋の中には何個あったかな」という手順でたずねた。すると、正答率は 80％ほどになったのである。

　ここから考えられることは、最初に未知数が来るという問題形式自体が難しいのではなく、アメの数が最初はわからないという状況が子どもに了解しやすい状況かどうかが、問題の難易度に関わっているのではないかということである。そう思って考え直してみると、「アメを何個か持っていました」という問題文が、そもそも妙な状況を設定しているように感じられてくる。

　以上の例が示しているのは、子どもにとって、引き算は抽象的な数に対する手続きとして存在しているのではなく、経験と経験から得た知識を背景にして理解されている、数に対する操作なのであり、理解可能な状況であれば、子どもはその操作を適切に行うことができるということである。

　大人の 4 枚カード問題と、子どもの引き算の例を挙げた。4 枚カード問題は大人の愚かさが示され、一方引き算の例からは子どもの有能さが示されていると見ることもできるが、しかし実は、いずれの例も、日常的知識の重要さと、それを活用して「論理的に」考えて行くことの有用性を示しているという点では共通している。

　このように、われわれの思考は、具体的な経験、そのときに置かれている状況と密接に結びつき、その中で得た様々な知識を活用していると考えられる。それを基盤とした上で、それらの知識に囚われずに、抽象化された何らかの論理的規則や仮説に基づく演繹的思考を使いつつ、知識を対象化し関係づけ整理し直したりすることもまた、大人はできるようになるのである。

4　学校教育への示唆

　最後に、ごく簡単にではあるが、学校教育への示唆を考えておきたい。

　以上述べてきたことからわかるように、経験から学んだ知識は豊かで重要であり、それに結びついた思考は有能なものである。しかしその一方で、日常的な知識と結びついた思考には不十分さや非論理性が潜んでいることもある。

　新しい知識を伝える際には、子どもが持っている（またわれわれ大人も持っている）このような既有知識の有り様を十分に考慮に入れる必要がある。授業の名人として知られた有田和正（1935〜2014）は、授業を行う教師の観点から、既有知識の危うさについて、次のように述べる。「『わかる』の反対は何でしょうか。『わからない』ではありません。『わかる』の敵、それは『わかったつもり』です。…何かを教えはじめたとたん、『それ、知ってる！』という人もいます。…『それ、知ってる』という人ほど伸びない。このような人の多くは知っていることに安住して、それ以上考えることや追求することをやめてしまうからです。……私たちは想像以上に、『わかったつもり』のことを『わかった』と勘違いしているのです」（有田和正『教え上手』サンマーク出版、2009年）。

　しかし、有田にとって、既有知識は重要でもある。子どもに根底から考え理解させようとすれば、子どもに疑問を持たせ知的好奇心を刺激する必要があり、そして、疑問を持たせるには、子どもの既有知識を見極める必要があるからである。

　教科書にある、客観的・普遍的で整理され体系化された知識は強い力を持ち重要なものであることはいうまでもない。それを子どもたちが主体的に学び理解するためには、既有知識との接点を考えることが不可欠である。

参 考 文 献

安藤寿康『なぜヒトは学ぶのか―教育を生物学的に考える―』講談社現代新書、2018年

鈴木宏昭『教養としての認知科学』東京大学出版会、2016年

森口佑介『おさなごころを科学する』新曜社、2014年

第6章

何を教える（学ぶ）のか

1 教育課程とカリキュラム

学校で「何を教える（学ぶ）のか」ということを決めているのは誰で、どのように決められているのだろうか。そのことについて考えるために、私たちは「教育課程」や「カリキュラム」をめぐる豊かな世界に分け入る必要がある。

現代の日本の学校において、「何を教える（学ぶ）のか」ということを考える際、まず鍵となる概念が**教育課程**だろう。教育課程は、1951年から用いられている語であり、「学校教育の目的や目標を達成するために、教育の内容を子どもの心身の発達に応じ、授業時数との関連において総合的に組織した学校の教育計画」と定義することができる。政府や自治体の教育に関わる法令や公文書においては、これら一定のまとまりを持つ学校の教育計画をさして、後述のカリキュラムではなく、教育課程と呼ぶのが通例であり、その意味では、やや行政的な色合いを持つ言葉でもある。

しかしながら、学校で行われている数々の営みを考えたとき、「計画」が非常に重要である一方で、それだけでは決して十分ではないことも確かである。教育という営みはきわめて複雑で、計画通りに生起するとは限らないし、教師が「教えている」と思っていることを、子どもが「学んでいる」とは限らないからである。**カリキュラム**は、これらの問題意識を持ち、「何を教える（学ぶ）のか」についてより豊かで複雑なアプローチを有する概念である。

カリキュラムは、英語の「curriculum」をカタカナで表記した言葉であり、日本語における初出は大正時代に遡る。教育課程と同義だと理解されることも多いが、カリキュラムという語を用いた場合は、教育課程が指し示す「計画」の次元だけでなく、教育計画の「実施」や「達成」の次元も視野に入っ

てくる。さらに、カリキュラムは、教育課程とは異なり、「学びの経験の履歴と総体」とも定義される。教育の計画は、教え手の視点に立てば「計画」という語で表現するのが適切かもしれないが、学び手の視点から実態を見れば、それは何らかの方向性を持つ学びの経験の連なりであり、まとまりである。その意味において、カリキュラムは、学び手が持つ経験の次元をその定義の中核に据えた概念である。

　本章では、「何を教える（学ぶ）のか」について計画の次元にとどまらない多様な観点から考えることを大切にするために、カリキュラムという語を基本的に使用する。ただし文脈に照らして適切だと考えられる場合は、教育課程という語を用いたい。

2　カリキュラム理論の多様な展開

　英語の「curriculum」は、古代ローマの戦車競走の走路を意味するラテン語「currere」が語源である。教育学的な文脈の初出は、16 世紀後半のライデン大学（オランダ）、または 17 紀前半のグラスゴー大学（イギリス）の記録であり、学生がそれに沿って進み、かつ完了しなくてはならない複数年の課程のことをさしていた。

　もともと教育の含意をまったく持たなかったカリキュラムという言葉が、大学の教育課程をさす言葉としてこの時期に登場したのは、偶然ではない。この頃、教育には内的な連続性が必要であるという認識が誕生したが、その際、学生たちが走り切らなくてはならない道としてのカリキュラムは、教育に構造的統一性（「規律」）と内的連続性（「秩序」）を保障するものだった。教育課程の順序や期間、その完了を規定するカリキュラムの登場は、教育と学習に対する管理と統制を意味していた。カリキュラムという装置の誕生を促したこの動きは、ヨーロッパにおける近代的な学級の導入や一斉授業の誕生にもつながっていくのである（ハミルトン，デイヴィッド『学校教育の理論に向けて』世織書房、1998 年）。

1）社会的効率主義

　ヨーロッパで生まれたカリキュラムという概念について、初めて科学的な

研究を行ったのは、アメリカのシカゴ大学の研究者、ボビット（1876～1956）
だった。彼は、産業主義を背景に、アセンブリ・ライン（流れ作業）を基本
とする大工場の経営システムであるテイラーの「科学的管理法」をカリキュ
ラムに援用した。学校を、子ども（原料）が教師（職人）の手で理想の大人（製
品）として完成する「工場」の比喩で捉え、その過程を最大限に合理化、効
率化することを追求したのである。生産目標を置き換え、教育目標という語
を初めて用いたのもボビットである。

　彼は、カリキュラムの決定要因を大人の社会生活や社会の要求に置き、完
成体としての大人の社会生活の構成要素を統計的に分析することによって、
教育目標を科学的かつ専門的に抽出しようとした。それによって、彼がカリ
キュラムにおいて最も重視した実用性と効率性が達成できると考えたからで
ある。このようなボビットの立場を、社会的効率主義と呼ぶ（佐藤学『米国カ
リキュラム改造史研究』東京大学出版会、1990 年）。

２）タイラーの原理

　ボビットの社会的効率主義の系譜を継承し、行動科学の立場からモデルと
して定式化したのはタイラー（1902～1994）である。彼はカリキュラムを「目
標の選択」「学習経験の選択」「学習経験の組織」「結果の評価」の４段階か
らなる一貫性を持った過程として捉えた。

　とりわけ彼がめざしたのは、教育評価を教育目標に基づいて行うことであ
る。タイラーは、学習は行動の変容だと考えていた。教育目標を定める際、
内容の次元だけでなく、観察可能な反応や行動の次元を明確に記述すること
によって、その達成が客観的に評価できると考えたのである。

　このモデルは**タイラーの原理**と呼ばれ、その後の多くのカリキュラム研究
に影響を与えた。教育目標を「認知領域」「情意領域」「精神運動領域」に分
けてさらに精緻化し、分類したブルーム（1913～1999）の「教育目標の分類学
（タクソノミー）」などは、その例である。

３）経験の再構成としてのカリキュラム

　カリキュラムの目的や役割について、ボビットやタイラーと異なる立場を
とったのがデューイ（1859～1952）である。デューイは、従来の教育が「子ど

もたちの態度を受動的にすること、子どもたちを機械的に集団化すること、カリキュラムと教育方法が画一的であること」を批判し、教育において「重力の中心の移動」という変革、革命をもたらすことを提案する。コペルニクスが天体の中心を地球から太陽に移動したように、「子どもが太陽となり、その周囲を教育の諸々のいとなみが回転すること」、すなわち「子どもが中心であり、この中心のまわりに諸々の営みが組織される」ことを求めたのである（デューイ，ジョン『学校と社会』岩波文庫、2005 年）。

　デューイは、子どもとカリキュラムが別の次元に存在していたり、あたかも対立しているものであるかのように捉えたりすることを批判する。彼は、子どもの経験が生き生きとして躍動的なものだと捉え、それが動き変化していく様子の中にカリキュラムを見る。カリキュラムとは、「現在の子どもの経験から出て、私たちが教科と呼ぶ、真理の組織体によって表現される経験へと入っていく、不断の再構成」であり、子どもの経験から出発し、動きながら再構成され、事実に媒介され真理によって表現される「単一の過程」なのである（デューイ，ジョン「子どもとカリキュラム」『デューイ著作集 6　教育 1　学校と社会、ほか』東京大学出版会、2019 年）。

　デューイのように、カリキュラムが子どもの学習経験の総体であり、学びの履歴であると捉える立場を**経験主義**と呼ぶ。日本でも、大正新教育をはじめとする様々な教育実践が、経験主義的なカリキュラムの捉え方に影響を受けた。

4）学問（ディシプリン）中心カリキュラム

　社会的効率主義や行動科学、経験主義のいずれとも異なるカリキュラムの編成原理を追求したのが、ブルーナー（1915～2016）である。彼は構造主義の立場から、「どの教科でも、知的性格をそのままに保って、発達のどの段階のどの子どもにも効果的に教えることができる」と主張し、カリキュラムを学問（ディシプリン）の構造に基づいて編成することを求めた（ブルーナー，J.S.『教育の過程』岩波書店、2014 年）。

　学問（ディシプリン）中心カリキュラムとは、学問（ディシプリン）の構造が、教科内容（「内容的構造」）と教科内容を語るレトリック、すなわち学問領域固

有の探究や認識の仕方（「構文的構造」）の両者を備えていると考え、その獲得をめざすカリキュラムである。カリキュラムはその学問（ディシプリン）構造が、子どもの発達に合わせて翻案されつつ繰り返し登場するらせん型のモデルで示された（「らせん型カリキュラム」）。

　学問（ディシプリン）中心カリキュラムの考え方は、1950年代後半にアメリカで起こった「教育内容の現代化」（急速に発展する現代科学に合致するよう理数系教科を中心に教育内容を再構成し高度化しようとする試み）の理論的基盤となった。当時アメリカで作成された高校段階のカリキュラムであるPSSC物理やBSCS生物はその代表例である。例えば、PSSC物理は、時間・空間・運動・物質の4概念を物理学の基本概念とし、カリキュラムの早い段階で登場させ、その後も繰り返し用いている。次節で触れる日本の1968年版学習指導要領も、学問（ディシプリン）中心カリキュラムの影響を受けている。

5）隠れたカリキュラム

　カリキュラムを学び手の経験に着目して考察したとき、教師が教えていることと、子どもが学んでいることには齟齬があることがわかる。そのことに初めて着目したのは、デューイ研究の第一人者だったジャクソン（1928〜2015）である。彼は、学校の「顕在的なカリキュラム」が3R's（読み・書き・算）の伝達を意図しているのに対して、教室で群れとして生活する子どもたちが学んでいるのは、規制（Regulations）、規則（Rules）、慣例（Routines）の3R'sだと指摘し、学校の学びや日常生活の中で、必ずしも意図されないまま暗黙のうちに身につけられ内面化される習慣や行動規範、価値体系を**隠れたカリキュラム**（ヒドゥン・カリキュラム）と呼んだ（Jackson, Philip W. *Life in Classrooms.* New York : Holt, Rinehart and Winston, 1968）。

　「隠れたカリキュラム」の考え方は、「顕在的なカリキュラム」を自明なものとし、その開発や定式化に取り組んできたカリキュラム研究に新しいパラダイムを開いた。「顕在的なカリキュラム」に内在する階級、ジェンダー、人種をめぐる権力や文化の配分や闘争を明らかにしたアップル（1942〜）の様々な研究はその代表例である。

3　学習指導要領の変遷

　教育課程を編成する主体は、戦後の日本においては、一貫して各学校だとされている。就学前教育段階から中等教育段階に至るすべての学校は、各学校の教育目標を実現するため、学校の特徴や課題、子どもの実態、教師や保護者、地域の願いを手がかりにして教育計画を策定している。しかしながら、学校は、何にも囚われず自由に教育課程をつくることができるわけではない。文部科学大臣が公示する**学習指導要領**は、「基準」としてその編成の大きな枠組みになっている。

　学習指導要領とは、全国の学校における教育の水準を保障することを目的として、教育課程編成の方針や配慮すべき事項を記述した「総則」と、教科および教科外活動の目標や内容から構成された文書で、最新の2017年改訂では、幼稚園教育要領、小学校学習指導要領、中学校学習指導要領、高等学校学習指導要領、特別支援学校学習指導要領の5種類が作成された。著者は文部科学省である。

　学習指導要領は、1947年の初版から概ね10年ごとに全面改訂が行われてきたが、1958年の改訂以降は、学校教育法施行規則に基づき、文部科学大臣が**告示**するものとなった。これが、学習指導要領が法律ではないにもかかわらず、法的拘束力を有する理由である。また、教科書出版社が発行する教科書も、学習指導要領や文部科学省が作成した学習指導要領の解説を踏まえて作成されている。その意味において、学習指導要領は、学校の日々の授業の内容や方法も規定しているのである。

　学習指導要領は、戦後9回にわたって全面改訂が実施されてきた。いずれの改訂にも、当時の学校が抱えていた課題や社会的な情勢が色濃く反映されている。以下、戦後の学習指導要領の変遷の概要を見ていこう。学習指導要領が法的拘束力を帯びるようになった1958年版以降については、小中学校のそれぞれにおける総授業時数の変遷も示した。なお、授業時数の一単位時間は、原則として小学校では45分、中学校では50分である（国立教育政策研究所の「学習指導要領データベース」〔https://www.nier.go.jp/guideline/〕では、過去に

公示されたすべての学習指導要領を閲覧できる）。

1）「試案」としての学習指導要領—1947 年版と 1951 年版—

　1947 年・1951 年版の学習指導要領は、学習指導要領の歴史の中でも特異な存在である。「試案」として作成され、法的拘束力を持たなかったからである。これらの学習指導要領は、自らを「手引き」と位置づけ、教師にカリキュラムの自主編成を求めていた。これに応えて、全国で 500 を超える独自の教育課程が編成されたといわれている。

　法的拘束力こそなかったものの、これらの学習指導要領からは、日本国憲法と教育基本法のもとで日本がめざそうとした新しい教育の方向性を明確に読み取ることができる。

　まず、教科編成においては、戦前の教科課程において筆頭と位置づけられた修身のほか、日本歴史と地理が廃止され、社会科や自由研究が小学校に新設された。家庭科も、日本国憲法で規定された両性の平等の理念をもとに、小学校では男女共修となった。

　次に、戦前の画一的で教条主義的だった教育を脱却し、一人ひとりの子どもの興味から出発する学びや経験を重視する経験主義がカリキュラム開発においてもめざされた。この方向性は、1951 年版の学習指導要領において最も明確である。例えば、小学校では教科が子どもの経験に沿った 4 領域に再編され、時間配当も割合でしか示されていない。また、1951 年版では、自由研究を廃止する代わりに、学級活動や児童会活動などの教科外活動がその意義とともに明確に位置づけられ、「教科課程」に代わる表現として「教育課程」という言葉が初めて用いられた。その際の「教育課程」の定義も、「学校の指導のもとに、実際に児童・生徒が持つところの教育的な諸経験、または、諸活動の全体」と経験主義的な観点から行われたのである。

2）系統主義と「道徳の時間」の導入—1958 年版—

　【総授業時数：5821 時間（小学校）、3360 時間（中学校）】

　1950 年前後から 1947・1951 年版学習指導要領がめざした経験主義的な方向性を「はい回る経験主義」と呼び、子どもたちの基礎学力の低下や知識の体系性の欠如をもたらしているという批判が行われるようになった。また、

1950 年の朝鮮戦争開戦に象徴される東アジア地域における冷戦の深化は、民主化・非軍事化をめざす GHQ の対日占領政策の転換をもたらし（「逆コース」）、共産主義者の公職や企業からの追放（レッドパージ）、警察予備隊の創設（再軍備）や公職追放者の追放解除などが矢継ぎ早に実施されていった。

　1958 年版の学習指導要領には、この時代背景が強く反映されている。1947・1951 年版が追求した方向性は以下のように 180 度転換したのである。

　まず、1958 年版以降、学習指導要領は告示形式で発表されるようになった。教育課程の編成主体を各学校とするスタンスは残ったものの、基準に法的拘束力が付与されたことで、学校や教師が持つカリキュラム開発の自由はきわめて限定的なものになったのである。

　経験主義的な方向性も払拭された。「原理、原則あるいは基本的なものをしっかり身につけていく」ことがめざされ、学問や科学の知識体系に基づいて内容を段階的に教えていく**系統主義**がカリキュラムの骨組となった。

　さらに、学校教育活動全体を通して行われる道徳教育を「補充し、深化し、統合する」ことを目的に「道徳の時間」が教科外活動として特設された。道徳の「復活」に対しては、「逆コース」を象徴するものとして批判の声も多かった。

３）「教育内容の現代化」―1968 年版―

【総授業時数：5821 時間（小学校）、3535 時間（中学校）】

　1968 年版の学習指導要領には、一方では 1950 年代後半にアメリカで始まり、諸外国にも大きな影響を与えた「教育内容の現代化」が、他方では、高度経済成長を背景に、経済発展を牽引する高度な能力を持った人材の育成をめざす能力主義の考え方が影響を与えている。

　特に大幅な改訂が行われたのは小中学校の理科や数学で、内容の高度化がめざされた。例えば、小学校算数では「日常の事象を数理的にとらえ、筋道を立てて考え、統合的、発展的に考察し、処理する能力と態度を育てる」ことを目的とし、集合や関数、負の数が教えられるようになった。中学校では数学・理科・外国語において能力別指導が可能になった。

　また、この改訂から総授業時数は最低時数ではなく標準時数として示され

るようになり、授業時数を実態に応じて増減するなど、弾力的運用に道が開かれた。

4）「ゆとり」を求めて―1977年版―

【総授業時数：5785時間（小学校）、3150時間（中学校）】

しかしながら、1968年版学習指導要領が追求した学校教育の方向性は、1960〜70年代の学校や社会の大きな変化の中で行き詰まりを見せる。1973年のオイルショックは高度経済成長の終焉をもたらし、1950〜60年代にかけ激化していく公害は科学技術の発展に対する素朴な信頼に大きな疑問を投げかけた。高校への進学率が急上昇する中で、進学競争は「受験地獄」と呼ばれるほど過酷になっており、学校での勉学についていけない「落ちこぼれ」現象や非行、校内暴力、不登校が問題になり始めていた。

1977年版学習指導要領は、①人間性豊かな子どもの育成、②ゆとりある、しかも充実した学校生活、③基礎・基本の重視と個性・能力に応じた教育の実施を改訂の基本方針とした。特に「ゆとり」は重要なキーワードとして機能した。小学校で7％、中学校で11％の授業時数削減が行われるとともに、「各学校が創意を生かした教育活動を行う」「ゆとりの時間」が特設された。

また、この改訂以降、各教科の目標や内容は中核的事項にとどめられるようになった。これは、学習指導要領が大綱化し、教育課程の開発・編成における各学校や教師の創意工夫が再度求められるようになったことを意味していた。

5）「新しい学力観」の登場―1989年版―

【総授業時数：5785時間（小学校）、3150時間（中学校）】

1989年版学習指導要領は、情報化や国際化、核家族化や高齢化といった社会の大きな変化を前提とし、①豊かな心を持ちたくましく生きる人間の育成、②自ら学ぶ意欲と社会の変化に主体的に対応できる能力の育成、③基礎・基本の重視と個性を生かす教育、④国際理解の深化と我が国の文化・伝統を尊重する態度の育成、を改訂の基本方針とした。

この改訂では、小学校低学年において、社会科と理科に代わり、合科的指導と体験活動を特徴とする生活科が新設された。「個に応じた指導」も推進

され、中学校では習熟度に応じた指導に初めて言及がなされた。また 1985 年の女子差別撤廃条約批准などを背景に、中学校・高校における家庭科の男女共修が実現された。

　さらに、意欲や態度、思考力や判断力を重視する**新しい学力観**が採用され、指導要録の観点別学習状況欄では、それまでの「知識・理解」に代わり「関心・意欲・態度」が第一の観点として位置づけられた。

6）「生きる力」と「ゆとり教育」―1998 年版―

【総授業時数：4367 時間（小学校）、2940 時間（中学校）】

　1996 年の中央教育審議会「21 世紀を展望した我が国の教育の在り方について」第一次答申は、今後社会が急速に変化し「変化の激しい、先行き不透明な、厳しい時代」が到来するとの認識を示し、「いかに社会が変化しようと、自分で課題を見つけ、自ら学び、自ら考え、主体的に判断し、行動し、よりよく問題を解決する資質や能力」「自らを律しつつ、他人とともに協調し、他人を思いやる心や感動する心など、豊かな人間性」「たくましく生きるための健康や体力」からなる全人的な力を**生きる力**と呼び、その育成の重視と個性尊重の一層の推進を今後の学校教育の重要な課題と位置づけた。

　とりわけ「生きる力」を育むことを目的として小学校 3 年生以上に設置されたのは、「総合的な学習の時間」である。「総合的な学習の時間」は地域や学校、子どもの実態等に応じ、各学校が創意工夫を活かして教育活動を行う時間とされ、横断・総合的な課題や子どもの興味・関心、地域や学校の特色に応じた課題などについて学ぶものとされた。

　前述の答申は、子どもと社会における「ゆとり」の確保が「生きる力」を育む前提と捉えていた。「ゆとり」重視の方針自体は 1977 年改訂以降継承されてきたもので、この学習指導要領単独の特徴ではないが、答申を受け1998 年改訂で行われた学習内容の 3 割減や完全学校週 5 日制は、特に大きな注目を浴びて**ゆとり教育**と呼ばれた。

　しかしながら、1999 年に起きた学力低下論争を嚆矢として、この新しい学習指導要領が子どもの基礎学力の低下を招くとの強い批判が各界から起こった。結局、文部科学省は、学習指導要領全面実施目前の 2002 年 1 月、「学

習指導要領は最低基準」という文言を含んだ「確かな学力の向上のための
2002 アピール『学びのすすめ』」を発表する。翌 2003 年には、学習指導要
領の一部改訂が実施され、いわゆる「はどめ規定」（学習指導要領における「〜
は扱わないものとする」などの規定）を削除し、学習指導要領に記載のない発展
的な内容の取り扱いを可能にするとともに、小学校・中学校とも、習熟度に
応じた指導など「個に応じた指導」を一層充実するなどの変更が加えられた。

7）知識基盤社会と「確かな学力」—2008 年版—

【総授業時数：5645 時間（小学校）、3045 時間（中学校）】

　「ゆとり教育」からの方向転換を決定づけたのは、2003 年の国際学力調査
PISA（OECD 生徒の学習到達度調査）において日本の子どもの「読解力」の順
位が有意に低下したことだった。この出来事は、日本版「PISA ショック」
と呼ばれる。PISA は OECD（経済協力開発機構）が 2000 年から 15 歳児を対
象に読解力、数学的リテラシー、科学的リテラシーの 3 分野に関して 3 年ご
とに実施している国際学力調査である。実生活の様々な場面で直面する課題
に知識や技能をどの程度活用できるかを測ることを目的としており、「読解
力」は情報の「取り出し」にとどまらず「テキストを理解し、利用し、評価
し、熟考する」力を評価するものだった。文部科学省は、「学力低下」の認
識に立ち、2005 年には PISA 型「読解力」の向上をめざす「読解力向上プ
ログラム」の作成に取り組むとともに、2007 年から悉皆調査の形式で「全
国学力・学習状況調査」を開始した（ただし、2010〜12 年は抽出調査、2011、2020
年はそれぞれ東日本大震災、コロナ禍のため中止）。

　その中で行われた 2008 年の学習指導要領改訂は、**知識基盤社会**における
「生きる力」の育成を基本方針として掲げるものだった。知識基盤社会とは、
「新しい知識・情報・技術が政治・経済・文化をはじめ社会のあらゆる領域
での活動の基盤として飛躍的に重要性を増す」社会である（中央教育審議会「我
が国の高等教育の将来像（答申）」2005 年）。「生きる力」は**確かな学力**「豊か
な人間性」「健康と体力」からなるが、その中でも最も重点が置かれたのは
「基礎的な知識及び技能」「思考力・判断力・表現力」「主体的に学習に取り
組む態度」を要素とする「確かな学力」だった。改訂では小中学校ともに授

業時数、教育内容が増加し、教科横断的な言語活動の充実がめざされるとともに、小学校高学年では外国語活動が導入された。2006年の教育基本法全面改正を反映し、伝統や文化に関する教育も強化された。

さらに、2014年に領土や自然災害の記述を増やす一部改訂（中学社会・高校地歴）、2015年に「特別の教科　道徳」を新設する一部改訂（小中学校）が行われた。

8）「社会に開かれた教育課程」をめざして―2017年版―

【総授業時数：5785時間（小学校）、3045時間（中学校）】

2017年版の学習指導要領は、予測困難な社会が今後訪れるという認識のもとで、いくつかの点でそれまでの学習指導要領より踏み込んだ改訂を行っている。

まず、この学習指導要領は、子どもたちに育む力として「生きる力」を前版より引き継ぎながらも、「何ができるか」ということに焦点をあてた再整理を行っている。2000年代以降、世界的に**コンピテンシー**（汎用的能力）の育成を中核に据えたカリキュラム改革が進行している。コンピテンシーとは、知識を獲得するだけではなく、使いこなしたり新たに創造したりすることができる力のことをさし、対象が変わっても作用することがその大きな特徴だが、改訂ではこの力を**資質・能力**と呼び、「知識・技能」「思考力・判断力・表現力」「学びに向かう力・人間性等」からなると捉えている。これらの資質・能力は、あらゆる教科の学びや活動から獲得され、生きる力の基盤となるものである。

「何を学ぶか」だけでなく、「どのように教えるか」に踏み込んだ点も特徴的である。「何を学ぶか」については、小学校における外国語教育の強化（中学年における外国語活動の導入と高学年における英語の教科化）や高校における科目の再編（公共、理数などの新設）などが挙げられるが、「どのように教えるか」については、**主体的・対話的で深い学び**、いわゆるアクティブ・ラーニングが授業改善の視点として強調されている。

教育課程が持つ役割についても、その編成、実施、改善が教育活動や学校運営の中核であり、学習指導要領が学校と家庭、社会が共有し活用する「学

びの地図」であるという認識が示されるなど新しい整理が行われている。

　学習指導要領を通して強調されているのが**社会に開かれた教育課程**の実現、すなわち、「"よりよい学校教育を通じてよりよい社会を創る"という目標を学校と社会が共有し、連携・協働しながら、新しい時代に求められる資質・能力を子供たちに育む」ことである。例えば、近年、就学前教育と初等教育の連携である保幼小連携を実現するため、幼稚園などにおいて就学に向けた「アプローチカリキュラム」を、小学校において学校生活への円滑な移行を支援する「スタートカリキュラム」を作成し、相互に共有するだけでなく、保護者や地域にも公開し、子どもの育ちのイメージの幅広い共有を試みる自治体が増加している。これは、「社会に開かれた教育課程」の一例である。

　教育課程に連携と協働、実施と評価の観点を導入することが、教育活動の改善と効率性につながるという視点は、**カリキュラム・マネジメント**の実施要請から見ることができる。カリキュラム・マネジメントとは、「教育課程に基づき組織的かつ計画的に各学校の教育活動の質の向上を図っていくこと」である。教育内容を教科横断的に組み立てること、「PDCA」サイクルを意識した教育課程の評価・改善を実施すること、地域と連携し、人的・物的体制を確保・改善することがその3つの側面である。コロナ禍のもとで各学校が行ってきた、行事の実施方法・回数の工夫や、独自プリントなどによる家庭学習の継続的支援などは、カリキュラム・マネジメントの例である。

4　これからのカリキュラム

　学習指導要領が次に全面改訂されるのは、おそらく2030年を目前とした時期である。2030年以降の未来に関する様々な予測がある中で、これからのカリキュラムを考える際に必要な視点はどのようなものだろうか。

　今後のカリキュラムを構想する上で、重要性を増すと思われるのは、**SDGs**（持続可能な開発目標）である。これは、2000年に採択されたMDGs（ミレニアム開発目標）を引き継ぎ、2015年に国連サミットで採択された17の目標で、持続可能で多様性と包摂性のある社会をめざし、「誰一人取り残さない」をスローガンに、2030年までにすべての国が取り組む目標である。目

標 4 には「すべての人々に包摂的かつ公平で質の高い教育を提供し、生涯学習の機会を促進する」が掲げられている。

　2020 年に始まったコロナ禍は、日本においても、既存の格差を拡大させ、深刻化させる作用を有することが指摘されている。SDGs が持つ「誰一人取り残さない」という理念は、コロナ禍とその後の時代においてこそ、より重要性を増すだろう。環境教育、多文化共生教育、ジェンダー平等教育、インクルーシブ教育など持続可能性に関わる様々な教育のあり方とそれを支えるカリキュラムの開発は、今後の大きな課題である。

　また、前述の OECD は、すでに 2015 年から日本を含む多国間プロジェクト「Education 2030」を開始し、個人と社会のウェルビーイング（健やかさ、幸福）を目標に置き、SDGs にも資するコンピテンシーのモデルを提示している（白井俊『OECD Education2030 プロジェクトが描く教育の未来』ミネルヴァ書房、2020 年）。そこで提起された「変革をもたらすコンピテンシー」（イノベーションを引き起こす「新たな価値を創造する力」、他者のニーズを理解し広い視点で柔軟な解決を行う「対立やジレンマに対処する力」、省察を繰り返しながら倫理的に考え行動できる「責任ある行動をとる力」の 3 つからなるコンピテンシー）は、おそらく今後のカリキュラムの国際的な動向にも大きな影響を及ぼすと思われる。

参 考 文 献
木村元『学校の戦後史』岩波新書、2015 年
佐藤学『教育方法学』岩波書店、1996 年
日本カリキュラム学会編『現代カリキュラム研究の動向と展望』教育出版、2019 年

どのように教える（学ぶ）のか

1 学校における授業の諸形態

　2017 年版学習指導要領は、前章でも言及したように、「何を学ぶか」という内容的な側面にとどまらず、「どのように教えるか」という方法的な側面にも踏み込んだ点で、それまでの学習指導要領とは異なる特徴を持っている。

　そこにおいて求められるようになったのが**主体的・対話的で深い学び**、いわゆるアクティブ・ラーニングの視点である。「主体的な学び」とは、「学ぶことに興味や関心を持ち、自己のキャリア形成の方向性と関連付けながら、見通しを持って粘り強く取り組み、自己の学習活動を振り返って次につなげる」学びである。「対話的な学び」とは、「子供同士の協働、教職員や地域の人との対話、先哲の考え方を手掛かりに考えること等を通じ、自己の考えを広げ深める」学びである。「深い学び」とは、「習得・活用・探究という学びの過程の中で、各教科等の特質に応じた"見方・考え方"（"どのような視点で物事を捉え、どのような考え方で思考していくのか"というその教科等ならではの物事を捉える視点や考え方）を働かせながら、知識を相互に関連付けてより深く理解したり、情報を精査して考えを形成したり、問題を見いだして解決策を考えたり、思いや考えを基に創造したりすることに向かう」学びである。見通しと自己調整、振り返りがあり、学び合いがあり、知識の間につながりが生まれるような学びが、現代において求められているということができるだろう。

　ただし、「主体的・対話的で深い学び」が特定の授業形態をさすわけではないこと、授業改善のため共有され、充実が図られるべき視点であることが強調されていることからもわかる通り、現在の日本の教室では、非常に様々な形態の授業が展開されている。そして、各授業形態の背後には、成立の歴

史的経緯や授業を支える理論がある。本節では、まず、現代の日本の教室で見ることができる、これら様々な授業形態を概観していこう。

1）集団を学びの単位とする授業形態

　現在の日本の教室において最も普遍的に見られる授業の形態は、**一斉授業**だろう。一斉授業とは、一人の教師が、大勢の子どもに対して知識や技術を伝達する授業形式である。

　一斉授業の起源は、18世紀末のイギリスにおいて、ベル（1753~1832）とランカスター（1778~1838）が考案した「モニトリアル・システム（助教法）」にある。大人数の子どもたちに対して、可能な限り効率的な教育を施すことを目的とし、先に課程を修了した成績優秀な年長の子どもたちをモニター（助教）に任命し、クラスの担任やアシスタントとして読み・書き・計算を教えさせたのである（ハミルトン，デイヴィッド『学校教育の理論に向けて』世織書房、1998年）。

　日本には、明治初期、お雇い外国人として来日したアメリカ人スコット（1843~1922）が東京師範学校に教師として着任し、一斉教授法を伝えたのが最初である（図7-1）。江戸期までの日本では、藩校・寺子屋とも自学自習が

図 7-1　明治初期の一斉授業の様子

出典：「小学入門教授図解」（1877年）国立教育政策研究所教育図
　　　書館 HP
　　　https://www.nier.go.jp/library/rarebooks/teaching/K110-1.54/

主たる学びの形式であったが、一斉授業の導入はその風景を大きく変えた。

　一斉授業は、教師から伝達される知識を習得することが学びの第一義的な目的である。そのメリットは効率性のよさであり、特に基本的な技術や知識を獲得するには優れた点が多い授業形態である。その一方で、学びの単位を均質性を想定した集団に置いているため、一人ひとりの個性や学び方の特性が捨象され、一方向的な知識の注入に陥る危険性も存在している。たとえ一斉授業が集団の中で遂行される授業形式であっても、学びは必ず個人の次元で起きているものである。一斉授業においても、他の授業形態と同様、すべての子どもの学びが授業を通して等しく保障される必要がある。

2）個人を学びの単位とする授業形態

　複数の子どもたちが言葉を交わし、思考や作業を共有しながら進む形式の学びも広がっている。学びの単位を個人に置きつつ、ペアまたは少人数のグループで遂行されるこの学びの形態は、その内容や目的によって「協同学習（cooperative learning）」「協働学習（collaborative learning）」と異なる名称で呼ばれてきた。

　協同学習は、集団内で成員同士が同時に目標を達成するような相互行動のことをさす（ジョンソン, D. W.／ジョンソン, R. T.／ホルベック, E. J.『学習の輪（改訂新版）』二瓶社、2010 年）。その基底にあるのは、孤独な学びや、対立、競争原理のもとで行われる学びよりも、相互依存と協力関係、役割と作業の分担の中で遂行される学びの方が、課題を効果的に達成できるだけではなく、達成のための努力や対人関係スキルの向上、精神的健康といった市民社会にとって重要な価値をもたらすという考え方である。日本では、「総合的な学習の時間」の導入を背景に 1990 年代に紹介され、広く行われるようになった。

　協働学習は、これに対して、子ども一人ひとりの経験の固有性や異質性や活動の多様性を前提とし、異質な他者との相互作用を通して認識を共有することを目的とする学びの形態をさす（秋田喜代美・藤江康彦『授業研究と学習過程』放送大学教育振興会、2010 年）。この学びの形態を理論的に基礎づけているのは、ロシアの心理学者ヴィゴツキー（1896～1934）の「発達の最近接領域」理論である。ヴィゴツキーは、子どもが自力で到達できる発達水準と、モノや言葉、

他者の援助（「足場かけ」）によって到達できる発達水準との間を「発達の最近接領域」と呼び、教育や学習はこの領域においてこそ行われるべきだと主張した。というのは、知識は社会的・文化的に構築されるものであり、他者との相互作用の中で生まれ、学び手の中に内化していくものだからである。

　日本では、1990 年代から教育学者の佐藤学が推進してきた「学びの共同体」や、2010 年代に東京大学 CoREF（大学発教育支援コンソーシアム）が学習科学の理論を取り入れ開発した「知識構成型ジグソー法」が、協働学習をシステムとして取り入れ授業改革を遂行している例である。

　プロジェクト学習（PBL：Project-Based Learning）は、協同学習、協働学習の一形態だが、大きなテーマを時間をかけて探究するという特徴を持つ。実世界に関する解決すべき複雑な問題や問い、仮説を、プロジェクトとして解決・検証していく学びの形態である（溝上慎一・成田秀夫編『アクティブラーニングとしての PBL と探究的な学習』東信堂、2016 年）。日本の小学校から高等学校において実践されてきたプロジェクト学習の事例は、「総合的な学習の時間」において行われたものが多い。

　例えば、私立山梨学院小学校では独自の教育プログラム「プロジェクト学習」において、縦割り異学年のプロジェクト学習に年間を通して取り組んでいる。特に、「スポーツプロジェクト」「カルチャープロジェクト」「アカデミックプロジェクト」の「3 大プロジェクト」には、プロジェクト学習にのみ集中する 10 日〜2 週間の「プロジェクトウィーク」が設けられている。プロジェクト学習をカリキュラムに取り入れている大学も存在する。例えば、公立はこだて未来大学の「プロジェクト学習」は、2000 年の開学時から設けられている 3 年次の必修科目であり、1 年間をかけて、チームで所与の課題解決に向け学生中心の探究活動を遂行する場となっている。

　諸外国においても、プロジェクト学習は幅広く行われている。図 7-2 はドイツのベルリンにある私立の中等教育学校で行われた「アジア」を主題とするプロジェクト学習の一シーンである。この学校でも、プロジェクト学習だけに集中する約 1 週間の「プロジェクト週間」が設けられており、子どもたちは、年ごとに定められた大きなテーマのもとで、興味・関心のある主題を

図7-2　プロジェクト学習の様子

ベルリンの中等教育学校 Evangelische Schule Berlin Zentrum で「アジア」を主題とするプロジェクト学習に取り組む子どもたち（2008年）。自身の学びを一枚の白地図上に表現している。

自分で設定し、集中的に探究活動を行っている。特に重視されているのは、学びの成果を言葉に限らない様々な方法で表現することであり、期間中はアーティストがそのために特別スタッフとして招聘され、子どもたちの自己表現活動を支援している。

3）体験活動

　近年、教育課程への明確な位置づけとその充実が求められる傾向にあるのが、**体験活動**である。体験活動とは、「自分の身体を通して実地に経験する活動」である（文部科学省初等中等教育局『体験活動事例集』ぎょうせい、2003年）。生活・文化体験（放課後の遊びやスポーツ、部活動、年中行事など）、自然体験（野外活動や自然・環境に関する観察学習など）、社会体験（ボランティアや職場体験、インターンシップなど）をはじめ、様々な分野の体験が、これに含まれる。

　日本における体験活動の導入の提唱は、1990年代に遡る。子どもたちの直接体験が減少し、集団活動も不足しているという認識を背景とし、1996年の中央教育審議会答申「21世紀を展望した我が国の教育の在り方について（第一次答申）」において、「生きる力」を育むための生活体験・自然体験機会の拡充が要請された。その後、2001年の学校教育法改正で、第31条に子どもたちの「体験的な学習活動、特にボランティア活動など社会奉仕体験活動、自然体験活動その他の体験活動の充実」（第49条、第62条で中高等学校に準用）が明記されたのである。

　文部科学省が2003年に作成した『体験活動事例集』では、体験活動の意義として、①現実の世界や生活などへの興味・関心、意欲の向上、②問題発見や問題解決能力の育成、③思考や理解の基盤づくり、④教科等の「知」の

総合化と実践化、⑤自己との出会いと成就感や自尊感情の獲得、⑥社会性や共に生きる力の育成、⑦豊かな人間性や価値観の形成、⑧基礎的な体力や心身の健康の保持増進、の8点が挙げられている。体験活動は、子どもたちがよりよく成長する上で、不可欠な学びの形だといえるだろう。近年では、家庭の所得格差が子どもの体験格差にそのまま結びつくことも指摘されており、学校教育の中で体験活動が保障される意義はますます大きくなっている。

　2013年の中央教育審議会答申「今後の青少年の体験活動の推進について」の「参考資料」によると、2008年度に文部科学省が実施した抽出調査から、小学校では自然に親しむ体験活動が、中学校では第三次産業に関わる職場体験が、高等学校では第一次産業に関わる職場体験が、それぞれ体験活動として教育課程の枠内で比較的多く行われる傾向が見られる。

4）ICTを活用した学び

　2000年代以降における急速なインターネットの普及と、ICT機器やオンライン教材の発展は、それらを活用した新しい学びの形を生み出している。その代表的な学びの形態のひとつが、**反転授業**である。反転授業は、2000年代後半からアメリカで実践が始まった授業形式で、「説明型の講義など基本的な学習を宿題として授業前に行い、個別指導やプロジェクト学習など知識の定着や応用力の育成に必要な学習を授業中に行う教育方法」（バーグマン，ジョナサン／サムズ，アーロン『反転授業』オデッセイコミュニケーションズ、2014年）である。基本的な知識の習得はオンライン教材を活用して授業前に行い、教室では演習や課題学習を行うという、オンラインと対面の授業形態を融合した「ブレンド型学習」の形態をとる。

　例えば、一人一台のタブレットパソコン端末を全国に先駆けて学校に導入した佐賀県武雄市では、2014年度から独自の反転学習システム「スマイル学習」を小学校（国語、算数、理科）、中学校（数学、理科）の双方で導入している。ただし、同市が東洋大学と連携して実施した調査では、特に小学校における同システムの利用率が年々低下傾向にあり、かつ学校間格差がある。また、「負担が大きい」「他の方法を活用したい」という理由から、半数以上の小学校教師が反転学習システムの実施回数を減らしたいと答えている（東洋

大学現代社会総合研究所 ICT 教育研究プロジェクト『武雄市「ICT を活用した教育」第三次検証報告書』2017 年）。

　コロナ禍による学びの遅れを取り戻すために、反転学習を取り入れる自治体もある。例えば、茨城県笠間市は、一斉臨時休校解除後の 2020 年 6 月から、休校中に学習できなかった内容を効果的に学習するため、茨城県教育委員会が作成したオンライン教育コンテンツ「いばらきオンラインスタディ」の動画等を活用した反転学習を開始している。このような動きは、今後も続くことが予想される。

2　学びをどのように評価するのか

1）学校が作成する「学びの評価」の記録

　前節に示したように、現代の日本の学校で行われている授業や学びの形は実に多様である。それでは、このような多様な学びをどのように評価すればよいのだろうか。前提として、まず、学校が作成している「学びの評価」に関する記録について概観しよう。

　まず、学校教育法施行規則で作成と保存が義務づけられ、学習指導要領に合わせて改訂されてきた歴史を持つのが**指導要録**である。指導要録は子どもの「学籍に関する記録」（氏名等の基本プロフィール、入学前の略歴、入学・卒業・進学先等の記録）と「指導に関する記録」（学習、行動、出欠状況等の累積的記録）から構成されている。進学の際は、指導要録の写しを進学先に送ることも義務づけられている。

　指導要録において、子どもたちの学びは、学年ごとに教科や領域などについて様々な形で評価され記録されている。例えば小学校の指導要録では、教科の学びについては、低学年は学習状況を分析的に捉える**観点別評価**（「知識・技能」「思考・判断・表現」「主体的に学習に取り組む態度」）のみを採用しているが、中学年以降は学習状況を総括的に数値で捉える**評定**と観点別評価を併用している。「特別の教科　道徳」や領域については、所見を記述式で記入する形式がとられている。

　指導要録よりも子どもや保護者からの認知度が高いのが、**通知表**（通信簿）

や**調査書**（内申書）だろう。まず、通知表は、子どもの学習状況を保護者に伝えるために各学校が作成するものである。ただ、その作成には法的規定がなく、様式にも定めはないため、その名称や様式は学校によって実に多様である。また、指導要録と通知表は一体性を持つ必要は必ずしもないため、指導要録にない項目を通知表に設定することも可能であるし、指導要録の記入事項をすべて通知表に転記する必要もない。通知表が持つ裁量性の高さを利用して、独自の学習評価を工夫している学校も存在する。

　調査書とは、子どもが高校・大学等の入学試験や就職試験を受験する際、在校中の学習状況等を受験先に伝えるために、学校が指導要録に基づき作成し送付する書類である。その作成と送付は法的に義務づけられている。

　学習指導要領などに基づいて各学校や教師が作成している指導計画も、「学びの評価」においては重要な役割を果たしている。教科などの指導に際して作成されている年間指導計画や単元指導計画（学習指導案）には、指導目標や指導内容に加えて、評価の規準が必ず記入される。記入された指導目標と評価規準は、一方では教師が子どもたちの学びを評価する際の指標となるが、他方では、教師が自身の授業を評価し改善するための手がかりとしても機能している。

２）「学びの評価」のあり方の変遷

　さて、「学びの評価」は、授業の形態や入学試験、学力観の変化等によって歴史的に大きく変化してきた。まず、戦後において長らく行われたのは**集団に準拠した評価**、すなわち相対評価である。これは、学習集団の中の相対的な位置づけを見る評価で、1955年の学習指導要録改訂時に、「総合評定」として「五段階相対評価」が導入されて以降、様々な批判を受けつつも2000年まで存続していた。

　「学びの評価」を大きく変えたのは、1998年版の学習指導要領改訂とそれに伴う2001年の指導要録改訂である。1998年版の学習指導要領では「総合的な学習の時間」が導入されたが、その評価はペーパー試験で行うことができるものではなかったからである。

　2001年指導要録改訂では、「いわゆる絶対評価」とも呼ばれる**目標に準拠**

した**評価**が導入された。これは、学習指導要領に示された目標を、子どもがどの程度実現したかを見て取る評価であり、観点別評価、評定はともにこの評価方式がとられることになった。

　さらに、「総合的な学習の時間」にふさわしい評価として紹介され、普及していったのが、**ポートフォリオ評価法**である。これは、学びの記録や作品を「ポートフォリオ」に累積的かつ系統的に蓄積したり編集したりし、検討する中で評価を行う方法である。教師が子どもの学びの履歴の蓄積を評価するだけでなく、子どもが収録する作品を自分で、または仲間とともに選ぶ中で、自身の学びを振り返り、自己評価を行うことも可能になる。

　さらに、2016年12月の中央教育審議会答申「幼稚園、小学校、中学校、高等学校及び特別支援学校の学習指導要領等の改善及び必要な方策等について」では、新学習指導要領下で「資質・能力」の「バランスのとれた学習評価」を行うために、多面的・多角的な学びの評価を行うことを要請している。例として挙げられているのが、論述やレポートの作成、発表、グループでの話し合い、作品の制作などのパフォーマンス課題に取り組む**パフォーマンス評価**である。大人が現実の文脈で直面するような課題に取り組ませ、そこにおける知識や技能の総合的な活用を評価することを**真正の評価**というが、この考え方は、コンピテンシーが重視される時代において存在感を増しているといえる。

3　教科書と教材

1）教科書とは何か

　学校における学びを考えるときに、忘れてはならないのが、**教科書**や教材の存在である。教科書研究者のミックは、教科書が教授−学習過程において有する機能として、①動機づけ（興味関心を喚起し、学ぶ動機づけを行う）、②情報（情報を表現、表象する）、③構造化（情報を構造化する）、④調整（他教材とともに作用したり、他教科や他学年の教材との関連性を持つ）、⑤分化（成績や関心に合わせた教材を提供する）、⑥学習指針（学習活動に方向性を与え、支援する）、⑦勉学ストラテジー教授（自己学習のストラテジーを与える）、⑧自己評価提供（学習成果の自

己評価を提供する）、⑨価値教育（道徳的価値を教授し、社会的規範やイデオロギーを反映する）の9つを挙げている（Mikk, J. *Textbook: Research and Writing*. Peter Lang, 2000）。教科書や教材は、教師の教授行為と子どもの学びの双方において、きわめて多様な役割を果たしているのである。

　まず、日本の教科書について基本となる前提を見てみよう。教科書とは、「教科用図書」の略称で「小学校、中学校、義務教育学校、高等学校、中等教育学校及びこれらに準ずる学校において、教育課程の構成に応じて組織排列された教科の主たる教材として、教授の用に供せられる児童又は生徒用図書であつて、文部科学大臣の検定を経たもの又は文部科学省が著作の名義を有するもの」（「教科書の発行に関する臨時措置法」第2条）と定義される。その使用義務は、学校教育法第34条に定められている。

　教科書はそのほとんどが民間の教科書出版社によって発行される。ただし、農業、工業、水産、家庭、看護や特別支援学校など需要が限定的な一部の教科書は、文部科学省が発行している。民間の出版社によって発行された教科書は、必ず文部科学省が行う検定に合格する必要がある。

　教科書をめぐる基本的な制度は、義務教育段階にあたる小中学校などと、高等学校では様々な点で異なっている。まず、義務教育段階の教科書は、無償で子どもたちに配布されている。これは、教科書が値段を持たない無料の教材であるということではない。文部科学大臣が認可し告示した定価を最高額とする範囲で教科書出版各社が教科書を発行し、文部科学省の検定に合格して使用が決まると、国が必要部数の教科書を購入し、子どもたちに給与する仕組みになっているのである。

　また、義務教育段階の教科書は、教科書出版社一社あたり、一教科一種類しか発行できない。例えば、同じ出版社がコンセプトの違う2種類の小学校国語教科書を発行する、ということは認められていない。

　さらに、授業で使う教科書を選ぶ権限、すなわち教科書採択の権限は、義務教育段階の教科書の場合、学校や教師にはない。教科書採択を行う権限は教育委員会に存在し、教育委員会はあらかじめ設定した採択地区内に設置した採択地区協議会における協議の結果に基づいて、その地区で用いる教科書

を決定するのである。この仕組みを広域採択制度と呼ぶ。

2）デジタル教科書

　2019年からは、紙の教科書に加えて**学習者用デジタル教科書**も教科書として認められるようになった。「学習者用デジタル教科書」とは、紙の教科書の内容をそのままデジタル形式で記録した教科書である。ただし、そのまま記録、といっても、読み上げ機能や文字・画像の拡大機能、文字・背景色の変更機能など、紙の教科書にはない付加機能があることが特徴である。2020年度現在、発行されている小中学校の紙教科書の9割以上が、「学習者用デジタル教科書」としても発行されている。タブレットパソコン端末の一人一台利用を前提に、所有端末に教科書データをインストールしてオフライン使用するか、サーバーに都度アクセスしてオンライン使用することが想定されている。

　しかしながら、「学習者用デジタル教科書」は、導入率が2020年度時点で8.4％と、普及にまだ課題が多い。例えば、前述の通り、紙の教科書は子どもに無償給与されるが、「学習者用デジタル教科書」は有償であり、公立学校の場合、自治体や保護者がその費用を負担する必要がある。

　また、「学習者用デジタル教科書」の利用には、校内の高速インターネット環境の整備や一人一台のタブレットパソコン端末が大前提だが、その整備率には自治体間の大きな差がある。これに対して、政府は「教育のICT化に向けた環境整備5か年計画」（2018〜2022年度）や、これを強化した「GIGAスクール構想」（2019〜2023年度）を進め、タブレットパソコン端末や学校内ネットワーク環境の全国的な整備をめざしている。

　加えて、2020年度末までは、子どもたちの健康への配慮から、「学習者用デジタル教科書」は紙教科書との併用が推奨されており、主たる教材として紙教科書に代えて使用できるのは授業時数の2分の1未満に限定されている（ただし、特別な配慮が必要な子どもを除く）。この規定は2021年度から廃止される見込みだが、それによって「学習者用デジタル教科書」の導入率が向上するかは未知数である。

3）副　教　材

　教室において教科書と相補的に活用されるのが副教材である。副教材には様々な種類が存在する。

　例えば、資料集、地図帳、ドリルやワークブックなどの問題集、辞典など書籍の形態で発行された副教材は、多くの教科の授業で教科書と併用されている。授業を行うにあたって多くの教師が作成しているオリジナルのプリントやワークシートも、教師の授業の独自性を担保したり、教室の子どもたちの個性的な学びを保障する重要な教材である。また、歴史的遺物やそのレプリカ、自然物などの実物教材は、モノ教材とも呼ばれ、社会科や理科などの授業において、教科の学習内容と子どもたちの経験をつないだり、探究的な学びを促す機能を果たしている。

　近年はデジタルコンテンツを副教材として活用する場面も増えている。NHK が開発し、学校向けにオンラインで無償提供している「NHK for School」の動画やクリップはその代表例である。特に、2020 年度のコロナ禍による一斉休校中には、約 4 割の学校でデジタル教材を家庭学習に活用したことが明らかになっている（文部科学省「新型コロナウイルス感染症の影響を踏まえた公立学校における学習指導等に関する状況について」2020 年）。

4　ICT 機器の活用とこれからの学び

　2020 年に始まったコロナ禍は、パソコンやタブレット端末などの ICT 機器を子どもたちの学びにおいて活用しようという動きを加速化させている。日本は国際的に見て、授業への ICT 機器の導入や活用の傾向が低い国である。OECD が 2018 年に実施した「国際教員指導環境調査」（TALIS）では、課題や学級での活動に ICT を頻繁に活用する中学校教師の割合が 17.9％と下から 2 番目の低さで、また OECD 平均の 51.3％を大きく下回っている。教室における ICT 機器の整備率も、全体的に低調で、整備の予算は基本的に自治体の財政的措置に依拠しているため、自治体間の格差が大きい。前節で触れた「教育の ICT 化に向けた環境整備 5 か年計画」と「GIGA スクール構想」は、いずれも地方財政措置を講じ、自治体間の財政状況などにかかわらず学

図 7-3　学校における ICT を活用した学習場面

A　一斉学習	B　個別学習		C　協働学習	
挿絵や写真等を拡大・縮小、画面への書き込み等を活用して分かりやすく説明することにより、子供たちの興味・関心を高めることが可能となる。	デジタル教材などの活用により、自らの疑問について深く調べることや、自分に合った進度で学習することが容易となる。また、一人一人の学習履歴を把握することにより、個々の理解や関心の程度に応じた学びを構築することが可能となる。		タブレットPCや電子黒板等を活用し、教室内の授業や他地域・海外の学校との交流学習において子供同士による意見交換、発表などお互いを高めあう学びを通して、思考力、判断力、表現力などを育成することが可能となる。	
A1 教師による教材の提示	B1 個に応じた学習	B2 調査活動	C1 発表や話合い	C2 協働での意見整理
画像の拡大提示や書き込み、音声、動画などの活用	一人一人の習熟の程度等に応じた学習	インターネットを用いた情報収集、写真や動画等による記録	グループや学級全体での発表・話合い	複数の意見・考えを議論して整理
B3 思考を深める学習	B4 表現・制作	B5 家庭学習	C3 協働制作	C4 学校の壁を越えた学習
シミュレーションなどのデジタル教材を用いた思考を深める学習	マルチメディアを用いた資料、作品の制作	情報端末の持ち帰りによる家庭学習	グループでの分担、協働による作品の制作	遠隔地や海外の学校等との交流授業

出典：文部科学省『教育の情報化に関する手引―追補版―（令和 2 年 6 月）』2020 年、82 頁

校の ICT 環境を整備しようとするものである。

　ICT 機器の活用は、一方では、子どもたちの学びをよりよい方向に変化させる可能性を持っている。例えば、文部科学省が作成している『教育の情報化に関する手引』では、学びの形を「一斉指導による学び（一斉学習）」「子供たち一人一人の能力や特性に応じた学び（個別学習）」「子供たち同士が教え合い学び合う協働的な学び（協働学習）」の 3 つに分けた上で、合計 10 場面（「一斉学習」1 場面、「個別学習」5 場面、「協働学習」4 場面）を分類し、各場面における ICT 機器の効果的な活用方法を提示している（図 7-3）。ここからうかがえるのは、ICT 機器が、特に個別学習と協働学習において様々な活用可能性を持っているということである。

　特別な支援を必要とする子どもたちにとって、ICT 機器を通して実現される文字や画像などの拡大、文字・背景色の変更、文章の読み上げなどは重要な「合理的配慮」として機能する。インターネット同時双方向通信システムの活用は、不登校や病弱・身体虚弱などの子どもたちに教室の学びに参加

する可能性を開きうる。

　他方で、ICT 機器がもたらすデジタルの世界は、必ずアナログな学校や教室の環境に立脚して存在するものであり、時にアナログの世界に存在する問題や格差を拡大・増幅した形で出現させることにも注意が必要である。例えば、アメリカでは、人種的マイノリティや貧困地区、低成績の子どもたちは、他者との相互作用が不在で個別で学習を行わなければならないようなオンライン学習において、対面授業よりも自己効力感、自己肯定感が低くなり、成績も悪化する傾向が指摘されている（Reich, J. *et al. From Good Intentions to Real Outcomes.* Digital Media and Learning Research Hub, 2007）。また、コロナ禍の臨時休校期間中、高校生の学習時間を左右していたのが、「学校生活を楽しんでいる」「学校での他者との関係を築けている」「休校中の教員とのコミュニケーションを取れている」といった他者との関係性を示す指標だったという指摘もある（中原淳「ポスト・コロナの働き方と学校」『教職研修』編集部編『ポスト・コロナの学校を描く』教育開発研究所、2020 年）。ICT 機器は、リアルに存在する教室での対話的な関係の構築のために活用されてこそ、すべての子どもの学びを平等に保障する手段になるといえるだろう。

参 考 文 献
秋田喜代美『学びの心理学』左右社、2012 年
佐藤学『「学び」から逃走する子どもたち』岩波ブックレット、2000 年
日本教育方法学会編『教育方法学研究ハンドブック』学文社、2014 年

日本の近代教育制度の歩み

1 江戸時代の社会と教育

　日本ですべての階層の子どもが等しく教育を受けられる義務教育制度が成立するのは明治時代からである。それ以前の江戸時代には封建社会の構造に基づいて、士・農・工・商の**身分制**が確立しており、支配階級である武士と被支配階級である庶民を対象とした教育機関が存在していた。すなわち、幕府直臣の子弟を対象とする江戸幕府直営の教育機関であり、藩校の教員養成の機能をも果たした**昌平坂学問所（昌平黌）**、藩士の子弟を対象とする藩直営の学校である**藩学（藩校）**、一般に教師の私宅に教場を設け、学問や芸能を門弟に授ける教育施設であった漢学塾、国学塾・洋学塾などの**私塾**、そして庶民を対象とした私立の教育機関である**寺子屋（手習塾）**などである。

　このうち寺子屋は、主として庶民の子弟を対象として読み書き算といった初歩的実用的な知識を授ける私的な教育機関で、幕末には1万5000以上も存在していたといわれている。寺子屋への就学義務はなく、6歳から13歳くらいまでの庶民の子ども（寺子）が家の事情に合わせて通っており、入門時期も学習期間も様々であった。主な学習内容は、手紙文例集である「庭訓往来」や将来の職業に応じた「商売往来」「百姓往来」などの**往来物（教科書）**が基本であり、子どもたちは手習い（習字）による往来物の自己学習を通して知識、道徳、将来の職業などを学んだ。師匠は手習いの手本を書いたり子どもの書いた字を直すといった**個別教授**を行った（図8-1）。授業料である謝儀も家庭の経済的状況によって様々で、必ずしも金銭である必要はなく、例えば、米、酒、野菜などの物納もあった。試験はなく、席書という手習いの品評会を行って子どもの学習意欲を高めていた。この時期の日本の庶民の

識字率は世界最高水準であったとされ、こう
した寺子屋の存在が明治維新後の急激な近代
化を可能にしたとされる（辻本雅史『「学び」の
復権―模倣と習熟』岩波現代文庫、2012 年）。

図8-1　寺　子　屋

出典：唐澤富太郎『教育博物館』中
　　　巻、ぎょうせい、1977 年

2　明治時代における近代教育制度の確立と教育の画一化

1）明治初期における近代学校の誕生

　明治維新期の日本は欧米列強に植民地化
される危機にあり、欧米諸国からの外圧に対し
て、封建社会から脱して強力な国民国家を形
成することが明治新政府にとって急務であっ
た。その際に目標とされたのは「富国強兵」
と「文明開化」であり、「日本人」という国民意識を持たなかった当時の人々
を、教育によって国民として統合することがめざされた。1871 年に廃藩置
県が断行されると、近代的な統一国家の建設が進められ、中央教育行政機関
としての文部省が設置された。以後、文部省が全国の諸学校をすべて統轄す
ることとなった。文部省は、高額の給料を与えてお雇い外国人教師を雇用し、
教育の近代化に着手した。

　さらに文部省は 1872 年に日本で最初の学校制度を定めた**学制**を公布した。
「学制」はフランスの学区制をモデルにしたとされ、全国を 8 大学区に、各
大学区を 32 中学区に、各中学区を 210 小学区に分け、それぞれに大・中・
小学校を 1 校ずつ設置する計画を立て、小学校は 5 万 3760 校の設置をめざ
した。「学制」の教育理念の特徴としては、第一に、学校へ行くことが将来
の**立身出世**につながる手段（「身を立るの財本」）になるとする個人主義、功利
主義的な教育観が挙げられる。こうした教育理念は、当時ベストセラーとな
った**福沢諭吉**（1835〜1901）の『**学問のすゝめ**』で説かれた学問による立身出
世に通底している。第二に、「邑に不学の戸なく家に不学の人なからしめん
事を期す」とする**国民皆学**が特徴であった。また、子どもを就学させないの

図8-2　教場指令法

出典：林多一郎『小学教師
　　　必携補遺』1874年

図8-3　ウィルソン・リーダーと小学読本

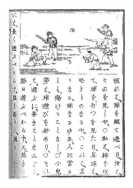

出典：唐澤富太郎『教育博物館』中巻、ぎょうせい、1977年

は父兄の落ち度であって、必ず子どもを就学させなければならないとしたが、これは法制上の義務ではなかった。そして、尋常小学を上等小学（4年）と下等小学（4年）に分け、8年間を就学の期間とし、進級試験をもとに児童の学力によって編成する**等級制**を採用した。

　一方で、学習内容と授業方法はアメリカから移入された。1872年に教員を養成する師範学校が東京に設立されると、アメリカ人教師の**スコット**（1843～1922）によって、**一斉教授法**という新しい教授方法が伝授された。一斉教授法とは、一人の教師が多数の子どもに同時間内に同一内容を教える効率的な教授法で、教室、黒板、教壇、教卓、対面式の机と椅子といった近代学校の特徴とセットで移入された。日本の一斉教授法は、軍隊式の号令を用いて教室での生徒の行動を統制するアメリカの「教場指令法」（school tactics）とともに移入された経緯もあり、教師中心の画一的な教育方法が各地に普及していった（図8-2）。また教科書は、アメリカで普及していた『ウィルソン・リーダー』を『小学読本』として直訳して採用したため、子どもの実生活にそぐわない内容が教えられた（図8-3）。スコットによって導入された新教授法には、当時アメリカで盛んになっていたペスタロッチ主義の実物教授の方法も含まれていた。この**実物教授**（object lessons）は日本では「庶物指教」と呼ばれた。これが明治初期の小学校の新教科である「問答」において行われ

たのであるが、当時はペスタロッチ主義の教授方法を正しく理解するまでには至っていなかった。ペスタロッチ（1746～1827）は、子どもが具体的な実物や物事を感覚や経験によって学び、事物の本質を正確に迅速に把握できるよう、子どもをその自然的発達に即して訓練することを重んじたが、当時の日本の授業では、掛図に示された事物の問答に終始し、あらかじめ用意された形式的な「問」と「答」を繰り返すことによる注入教授と化してしまった。

　「学制」以降、不就学の子どものいる家を見回って就学を促す就学督促が府県によって強化される中で、授業料を徴収し欧米の翻訳教科書中心の非日常的な教育内容を教える「学校」を民衆が打ち壊して拒否する**学校焼き討ち事件**が多発した。小学校を各学区に運営維持させようとしたことは、当時の状況から見ると、地方住民にとってかなりの負担であったと考えられる。このような状況を受け、文部省内では、近代教育制度を定着させるために、全国画一的な「学制」を改めて教育を地方の管理にゆだねようとする改革の動きが生じた。1876 年から 1877 年にかけてアメリカの教育事情を調査してきた文部大輔**田中不二麿**（1845～1909）は、文部省学監の**モルレー**（1830～1905）とともに「学制」の改正に着手した。しかし、この「学制」改革の過程においては、政府内部の開明派と復古派の対立が見られた。明治天皇の側近で儒学者の**元田永孚**（1818～1891）は、明治天皇の要請を受け、仁義忠孝を中心とした儒教思想を教育の根本精神とする**教学聖旨**を起草した。元田はのちに教育勅語も起草する人物である。1879 年に示された「教学聖旨」では、知識才芸よりも先に仁義忠孝に基づくいわば儒教的な道徳教育が、日本の教育の要として確立されるべきだと強調された。これに対し、伊藤博文や井上毅などの開明派官僚は、儒学を採用すれば維新前に逆戻りするとして反論し、田中不二麿が立案を主導し、伊藤博文が制定に尽力する形で同年 9 月に**教育令（自由教育令）**が公布された。

2）近代教育制度の確立

　アメリカの自由主義的・地方分権的な教育制度をモデルとした「教育令」では学区制を廃止し、町村を小学校設置の基礎とした。また町村住民の選挙による「学務委員」をおいて学校事務を管理させることとし、教育の権限を

大幅に地方にゆだねた。さらに労働力の子どもが就学しやすいように、小学校の4年間で16か月就学すれば小学校卒業とみなした。ところがこうした政策が結果として小学校の設置や就学率の不振につながることになり、結局改正しなければならない事態となった。そこで翌年の1880年12月には**改正教育令（第二次教育令）**を公布し、国家による教育の統制や干渉を基本方針とし、文部省が地方の教育を統轄して小学校教育の改善振興を図ろうとした。「改正教育令」では、子どもを学校に通わせることは保護者の「責任」であるとし、小学校の年限を3年以上8年以下とし、3年間で毎年16週以上を就学させ、それ以後も特段の事情がない限り、毎年通わせるよう要求した。

　1885年に新たに内閣制度が成立すると、初代文部大臣に**森有礼**（1847～1889）が就任した。彼は、「国家ノ為ニスル」教育の必要性を強調し、帝国大学を出たエリートが国家を主導し、一般の人々が臣民としての責任を果たすような国家のあり方を理想とした。1886年には「帝国大学令」「師範学校令」「中学校令」「小学校令」という4つの法令を公布した。このうち森が特に力を入れたのが師範学校であり、国家の命令に従う教師を養成するために、師範学校の生徒に「順良」「信愛」「威重」の3気質を備えさせる教育を徹底した。また「小学校令」では、授業料を徴収しているにもかかわらず、初めて就学の「義務」を掲げ、教科書の質を担保し、国家イデオロギーを注入するため、教科書の内容を文部省がチェックする検定制度を採用した。これらの法令によって、小学校は臣民育成の大衆教育の場、尋常中学校は中産階層の教育の場、高等中学校と帝国大学は社会上流の教育の場として位置づけられ、学校教育の機能と社会階層とが結合していった（柴田義松・上沼八郎編著『教育史』学文社、1996年）。しかしながら、この時点での就学率は50%を割っており、その最大の理由は授業料の徴収にあった。その後1900年に新たに「小学校令」（第三次小学校令）が公布されると、義務教育期間を4年と定め、授業料の徴収を原則として行わないとする**義務教育の無償制**が確立した。これによって就学率は1906年には96%を超え、義務教育の延長問題が浮上した。こうした潮流を受け、1907年に「小学校令」が一部改正され、義務教育の6年制が実現した。

3）教育勅語の発布

　1889 年に「大日本帝国憲法」が発布され、国家主義的、立憲君主制的な近代国家制度の基礎が築かれると、天皇のもとに国民の精神と道徳を統一する拠り所となるものが必要とされた。このため山県有朋首相が芳川顕正文相に命じ、実際には内閣法制局長官の井上毅（1844〜1895）と天皇側近の儒学者元田永孚が起草して、1890 年に**教育二関スル勅語（教育勅語）**が出された。教育勅語は天皇が臣民の内面に干渉しないという建前から、天皇個人の意思の表明として勅語の形式がとられた。教育勅語ではまず天皇の祖先による建国の由来が述べられ、万世一系の天皇が統治する日本独自の国家体制（「国体」）に教育の基礎があるとされた。また臣民に求められる具体的な徳目を挙げ、ひとたび緊急の事態（戦争など）が起きれば、自らをなげうって天皇のために奉仕し、皇室国家の繁栄を助けることを求めた（図8-4）。教育勅語を記した謄本が全国の学校に配布されると、「御真影」（天皇・皇后の写真）とともに宗教の経典のような神格的な価値を与えられ、崇拝の対象となっていった（古沢常雄・米田俊彦編『教育史』学文社、2009 年）。各学校では、「教育勅語」をもとにして道徳教育を行う「修身科」が教科の中で最も重視され、教育勅語は国民道徳および国民教育の基本とされ、国家の精神的支柱として重大な役割を果たすこととなった。

図 8-4　教 育 勅 語

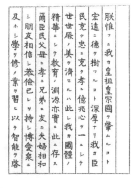

出典：横須賀薫監修『図説教育の歴史』河出書房新社、2008 年

こうした動きと相まって、1891 年には**学級編制等ニ関スル規則**が制定され、従来の試験により進級する等級制から、児童の年齢や数などを基準に編成する**学級制**への移行が図られた。天皇中心の国家主義の教育理念のもと、国民統合を図ることがめざされた小学校では、学級を中心に家族主義的で集団主義的な教育が行われるようになり、学級は訓育の機能を果たすようになった（佐藤秀夫『教育の文化史 2　学校の文化』阿吽社、2005 年）。こうした学級制のもと、1890 年代に広く学校現場に普及したのがヘルバルト（1776〜1841）の弟子の**ライン**（1847〜1929）が提唱した、「予備−提示−比較−総括−応用」からなる**五段階教授法**である。この教授法の定着により、日本の授業は画一化・形式化していった。さらに、1903 年の「小学校令」改正により、**国定教科書制度**が導入され、文部省自らが作成した教科書を使用することで、子どもへの国家イデオロギーの注入が図られた。

3　大正新教育における子どもの興味・関心と生活・経験の尊重

19 世紀末から 20 世紀初頭にかけてデモクラシーの思想が世界各国に波及し社会運動が高揚すると、教員の地位や待遇の改善を訴える動きが見られた。こうした動きに対し、1917 年に設置された**臨時教育会議**の答申に基づき、1918 年に**市町村義務教育費国庫負担法**が制定された。これにより義務教育に対する国の責任が明確にされ、教員の給与は半額国庫負担とされた。

こうしたデモクラシーの高揚により、欧米で広がった児童中心主義教育の運動（新教育運動）の影響を受けて、日本でも大正新教育（大正自由教育）運動が展開された。これは明治期の教師中心で知識の注入を重んじる教育を批判し、子どもの興味や関心に基づき、生活や経験を中心に子どもの主体性や自己活動を重視する教育をめざす運動であった。日本での実践は、師範学校附属小学校や都市部の私立小学校、一部の公立小学校を中心に展開された。兵庫県明石女子師範学校附属小学校の主事であった**及川平治**（1875〜1939）は、アメリカの新教育運動の指導者であるデューイ（1859〜1952）の影響を受け、子どもの「能力不同」という認識のもと、子どもの生活や要求を尊重し、「個別」「分団」「学級」に分けて個性教育を行う**分団式動的教育法**を実践した。

さらに、奈良女子高等師範学校
附属小学校の主事であった**木下
竹次**（1872～1946）は、教師のつ
くった形式的な時間割や、学級
における画一的教育法によって
児童の生活が寸断されることを
批判し、子どもの生活を中心に
教科を統合する**合科学習**を提唱
した。「合科学習」では、児童
が環境から題材を合科的に選ん
で生活内容を自律的に学習する

図8-5　合 科 学 習

出典：奈良女子高等師範学校附属小学校編『学習研
究』1931 年 11 月号

ことがめざされた（図8-5）。また千葉師範学校附属小学校における**手塚岸衛**
（1880～1936）を中心とする**自由教育**なども代表的な実践である。

　一方、私立の成城小学校では、**沢柳政太郎**（1865～1927）によってアメリカ
のパーカースト（1887～1973）が考案した**ドルトン・プラン**が導入された。こ
れは子どもが能力や要求に応じて学習課題と場所を選び、自主的に学習を進
める自学自習プランであった。そのほか、**羽仁もと子**（1873～1957）の自由学
園や、**赤井米吉**（1887～1974）の明星学園、**小原國芳**（1887～1977）の玉川学園
が有名である。大正新教育において最も自由な学校と称された**野口援太郎**
（1868～1941）の池袋児童の村小学校では、児童による自治活動が行われ、児
童は、教室、教師、教材などを選ぶ権利を有した。しかしながら、こうした
運動は、都市部の富裕層を中心に支持された実践であり、多くの公立小学校
では子どもの主体的活動を支える教育環境を整備することは難しかった。ま
た、天皇制教育に反する実践として政府の弾圧を受け、次第に衰退していっ
た（中野光『大正自由教育の研究』黎明書房、1998 年）。

4　戦時下の教育―錬成を中心とした戦争を遂行するための教育―

　1931 年の「満州事変」から 1945 年の第二次世界大戦終戦までは、戦争が
常態化した時代であり、特に 1941 年からのアジア・太平洋戦争は、国民を

図8-6　国民学校教科書

出典：『初等科修身』巻三
　　　（唐澤富太郎『教育博物
　　　館』中巻、ぎょうせい、
　　　1977年）

総力戦に動員し、自分を犠牲にして国家・天皇のために自発的に戦うように仕向けることが教育の役割と化していった（前掲『教育史』2009年）。1937年には内閣直属の諮問機関として**教育審議会**が発足し、その答申では教育の目的は「皇国ノ道ニ帰一セシメ」ることとされ、その方法として**錬成**（心身を鍛えて錬磨育成する）という新しい概念が導入された。1941年には小学校を**国民学校**と改称し、学校自体を錬成の道場とするという目的のもと、教科は皇国民（天皇が統治する国の民）の錬成という観点から統合されて心身一体の教育が実践された。また、国定教科書も戦争を美化し、聖戦化するという編集方針で貫かれた（図8-6）。こうして国家主義・軍国主義を担う人材を育成し、国民が戦争に自発的に協力する態度が養われた。さらに教師を養成する師範学校も皇国民の錬成を行う人物を養成する学校として国家の統制が強められ、戦時体制下において教師は、国家の命令のままに教え子を戦場へと送り出す役割を果たした。1945年に決戦体制になると、「決戦教育措置要綱」が定められ、国民学校初等科を除くすべての学校の授業を原則として停止し、生徒を防衛と生産の増強にあたらせた。

5　戦後の教育改革―時代のニーズを反映した学習指導要領の変遷―

1）戦後の教育制度改革

　1945年8月、日本がポツダム宣言を受諾して無条件降伏し敗戦を迎えると、アメリカを中心とした連合国軍最高司令官総司令部（GHQ）による占領下に置かれ、戦時中の超国家主義、軍国主義教育を支えた天皇制教育体制が一掃され、日本教育の民主化の礎が築かれた。同年に発せられたいわゆる**教育に関する四大指令**によって、戦犯教師の追放や弾圧によって解雇された教員の復帰、教員・学生の政治活動の自由の回復、公立学校から国家神道に関わる儀式・施設・教材の排除などが断行され、修身など3教科の授業も停止され

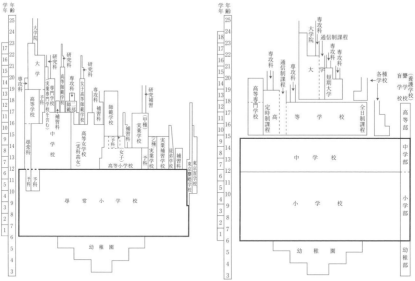

図8-7　戦前の学校教育体系　　図8-8　戦後の学校教育体系

出典：文部科学省HP http://www.mext.go.jp/b_menu/hakusho/html/others/detail/1318188.htm

た。また、GHQの要請によって1946年に派遣された**アメリカ教育使節団**の報告書の勧告に則り、教育刷新委員会の建議によって、「教育基本法」「学校教育法」など一連の教育の基本法制が整備された。このうち、1947年に制定された「教育基本法」では、「人格の完成」を教育の目的とし、戦前・戦中の教育への反省から「平和的な国家及び社会の形成者」の育成が明記され、教育の機会均等、9年制の義務教育、授業料無償、男女共学などが定められた。戦後の学校制度は、「教育基本法」と同時に公布された「学校教育法」に基づいて発足した。この学制改革では、幼稚園、小学校6年、中学校3年、高等学校3年、大学4年という学校制度、いわゆる「6・3・3・4制」を採用した。戦前は尋常小学校（国民学校初等科）修了後、旧制中学校、高等女学校、実業学校、高等小学校（国民学校高等科）などに分かれて進学する「複線型」（分岐型）の学校制度を採用しており、能力や性別、家庭の経済力などにより、上級学校への進学が制限されていた（図8-7）。戦後は、小学校から大学院までの各学校段階が単線的に連なる単線型学校制度になり、能力さえあれば誰

でも上級学校に進学できるようになった（図8-8）。また、1949年に「教育職員免許法」が制定されると、一定の基準を満たした大学が等しく教員養成教育に参画することを保障する**教員養成の開放制**原則を採用した。

2）戦後の学習指導要領の変遷

　戦後日本の学校教育や期待される人間像のあり方は、**学習指導要領**によって規定されてきた。学習指導要領とは、各学校で教育課程（カリキュラム）を編成する際の基準を定めたものであり、その変遷をたどると、国がどのような人間像を理想として国民形成を図ろうとしてきたのかが浮き彫りとなる。学習指導要領は、「学校教育法」に基づき、文部科学大臣が告示する形で、時代の変化や子どもたちの状況、社会の要請などを反映させるためにほぼ10年ごとに改訂されてきた。1947年に文部省によって示された最初の学習指導要領は、アメリカのCourse of studyを参考にして作成された試案であり、各学校がカリキュラムを編成する際に参考にする手引書に過ぎなかった。児童中心主義・経験主義の教育観のもと、地域の実態に応じた独自のカリキュラムを編成することを奨励し、川口プランや明石プランなど、各地で優れたカリキュラムが編成された。しかしながら、1958年には、強まる米ソの対立や、中国における共産党勢力の勝利などによるアメリカ占領軍の対日政策の転換を受け、文部省は、学習指導要領は**法的拘束力**を持つ国家的基準であると宣言し、戦前の修身科の復活に通じるとの批判もあった「道徳」の特設も行われた。その後、高度経済成長期を迎え、ソ連の人工衛星スプートニクが打ち上げられたことによるいわゆるスプートニク・ショックを契機に、1968年に改訂された学習指導要領では、教育内容が高度化され、人的能力の開発を計画的に行う教育に重点が置かれた。学校現場では新幹線授業と呼ばれるつめこみ教育が実施されるようになり、画一化と**学歴競争**が激化し、非行、校内暴力、いじめによる人権侵害などの教育荒廃が生じた。

　そこで1977年改訂の学習指導要領では、教科内容、授業時数を削減し、豊かな人間性とゆとりを強調した。1980年代に入ると、いじめ、登校拒否、校内暴力が増加し、受験競争、つめこみ教育への批判が生じた。このような状況を受け、1984年に発足した中曽根内閣の諮問機関である**臨時教育審議**

会では、21世紀に向けた教育のあり方が審議され、**個性重視の原則、生涯学習体系への移行**（学歴偏重の弊害を是正するため、生涯にわたる学習の成果が適正に評価される社会の形成を図る）を主軸とした教育体系の再編、**国際化、情報化等変化への対応**を提唱し、従来の画一的な教育や学校中心主義的な教育からの脱却を提言した。この答申を受け、1989年改訂では、**児童生徒の関心・意欲・態度の育成**を重視することが強調され、小学校低学年の社会科・理科を廃止し、体験的な学習を通して総合的な指導を推進する**生活科**を新設した。1998年改訂では、つめこみ教育からゆとり教育へと転換が図られ、自ら学び自ら考え、主体的に判断し行動する力（**生きる力**）の育成、教育内容の厳選と基礎・基本の確実な定着、特色ある教育・学校づくりがめざされた。学校現場では、学習内容の大幅な削減、完全学校週5日制の実施、**総合的な学習の時間**の新設が実施された。

　しかし、こうした転換が図られる中、『分数ができない大学生』（1999年）がベストセラーとなり学力低下への批判が高まったことや、PISA（OECD生徒の学習到達度調査）における日本の学力低下を受け、2008年改訂では、①「生きる力」の育成の理念継承、②**確かな学力**の確立（基礎的・基本的な知識・技能の習得と思考力・判断力・表現力等の育成のバランスを重視する）、③道徳教育や体育などの充実、④小学5・6年生の「外国語活動」の必修化が図られた。2017年改訂では、グローバルな知識基盤社会で育成すべき「資質・能力」の3つの柱、すなわち、(1)知識及び技能の習得、(2)思考力・判断力・表現力の育成、(3)学びに向かう力、人間性の涵養が示され、①**主体的・対話的で深い学び**（アクティブ・ラーニング）の導入、②小学校「外国語活動」の教科化、③道徳教育の教科化、④プログラミング教育の必修化が図られた。

6　教育課題の解決に向けた新しい教育の動き

　文部科学省の調査によると、全国の小中学校におけるいじめや不登校が年々増加し、日本の教育制度や学校教育のあり方がこれまで以上に問われている。とりわけ、**小1プロブレム**（入学したばかりの1年生で、集団行動がとれない、授業中座っていられない、話を聞かないなどの状態が数か月継続する）や**中1ギャップ**（小

学校から中学校への進学において、新しい環境での学習や生活へ移行する段階で、不登校等が増加したりする）などへの対応が急務であり、児童生徒の多様な状況等に対応した学校間の円滑な接続を図ることが求められてきた。こうした事態を受け、文部科学省は、**保幼小接続**や**義務教育学校**、**中等教育学校**の設置を推進してきた。保幼小接続とは、子どもの発達や学びの連続性を保障するため、幼児期の教育（幼稚園、保育所、認定こども園における教育）と児童期の教育（小学校における教育）を円滑に接続し、体系的な教育を組織的に行うことである。幼児期の教育と児童期の教育の目標を「学びの基礎力の育成」というひとつのつながりとして捉え、互いの教育を理解して見通すようにするという考え方は、幼稚園教育要領や小学校学習指導要領にも明記され、「小１プロブレム」の解決に向けて保幼小連携に取り組む自治体も増加している。

　また、「中１ギャップ」などの問題の解決や、児童生徒の個性や創造性を伸ばすことを目的として、文部科学省は「学校教育法」を改正し、1999 年に中等教育学校、2016 年に義務教育学校を新設した。中等教育学校とは、中高一貫教育を 6 年間、一体的に行う学校で、小学校における基礎教育の上に、普通教育と専門教育を一貫して施すことを目的としている。一方、義務教育学校とは、小学校から中学校までの 9 年間の義務教育を一貫して行う学校をさし、小中学校がめざす子ども像を共有して 9 年間を通じた教育課程を編成し、系統的な教育をめざしている。すでに、学力向上、「中１ギャップ」の緩和、教職員の意識・指導力の向上などの成果が表れているとされる。このほか、文部科学省は、学校と保護者、地域住民らで構成する**学校運営協議会**が学校の運営に関わる**コミュニティ・スクール**（**地域運営学校**）も推進し、全国で実践が広がっている。さらに文部科学省は、2018 年に「Society 5.0 に向けた人材育成に係る大臣懇談会」において、デジタル化が進んだ未来社会における学びのあり方の変革を提唱した。すなわち、児童生徒一人ひとりの能力や適性に応じて個別最適化された学びの実現に向け、一斉一律授業中心の学校を、個人の進度や能力、関心に応じた学びの場に変革し、学習到達度や学習課題等に応じた異年齢・異学年集団での協働学習の拡大を促進すべきだとしている。

　他方、日本各地の私立学校や公立小学校で
も、既存の教育のあり方を見直し、欧米をモ
デルに個性を尊重した新しい教育を学校に導
入する動きが見られる。例えば、世界で最も
自由な学校とされるイギリスの**サマーヒルス
クール**をモデルとする私立きのくに子どもの
村小学校（1992年開校）や、日本で初めて**イ
エナプラン教育**に基づいて2019年に設立さ
れた私立大日向小学校では、子どもたちの個
性を尊重し、多様な人々と協働しながら主体
的に学ぶことをめざしている（図8-9）。広島
県福山市教育委員会も、2022年度に日本初
のイエナプランに基づく市立小学校を設置す

図8-9　大日向小学校

出典：毎日新聞2020年2月2日長野
　　　県版

る準備を進めている。また、生徒の「自由」と「協働」を掲げるドルトン・
プランの教育を採り入れた私立ドルトン東京学園中等部・高等部も2019年
に設立された。こうした新しい動きが日本の教育の課題解決につながるのか、
動向が注目される。

　以上、本章では、日本の近代教育制度の歩みを概観してきた。今日の教育
の成り立ちを学び、過去との対話を通して、各自が「教育とは何か、どうあ
るべきか」を問うことは、未来の日本の教育や社会のあり方の探究へとつな
がっていくであろう。

参 考 文 献
木村元『学校の戦後史』岩波新書、2015年
水原克敏『学習指導要領は国民形成の設計書—その能力観と人間像の歴史的変遷—』
　　東北大学出版会、2018年
山住正己『日本教育小史—近・現代—』岩波新書、1987年

第**9**章

西洋近代の教育思想から学ぶ

1　コメニウスに見る「近代教育」の源流

　私たちが慣れ親しんでいる教育の見方や考え方は、近代の教育思想の影響を強く受けている。それは「教育学」が 17 世紀以降に西洋で形づくられたものであり、明治以降にわが国に導入された「学校教育」も欧米をモデルにしたものだからである。本章では、西洋近代の教育思想の大きな流れをたどっていくことにしたい。

　最初に取り上げるのは、チェコの**コメニウス**（1592〜1670）である。彼が生きた 17 世紀ヨーロッパは、**三十年戦争**（1618〜1648）による惨禍と混乱の世であると同時に、**ガリレオ**（1564〜1642）、**デカルト**（1596〜1650）、**ニュートン**（1642〜1727）らが事実の観察に基づいて自然法則の探求を始めた**科学革命**の時代でもあった。中世的な社会から近代的な社会に向かう激動の中で、コメニウスは「人類の破滅を救うには、青少年を正しく教育するより有効な道はほかにはない」（献呈状）と、『**大教授学**』（1657）の執筆に心血を注いだ（鈴木秀勇訳『大教授学 1、2』明治図書、1962 年）。

１）あらゆる人にあらゆる事柄を教える

　コメニウスによれば、神の似姿である人間の究極の目的は神とともにあることであり、現世は永遠の生命への準備にほかならない。そのために、あらゆる事物を知る者となり（学識）、さまざまな事物と自分自身とを支配する者となり（徳性）、万物の源泉である神に自分自身とあらゆるものとをかえす者となること（敬虔）が求められる。彼は『大教授学』において「あらゆる人にあらゆる事柄を教授する普遍的な技法を提示する」（副題）ことをめざしたが、その背景には、宗教家としての福音主義的な理念と政治活動家としての

祖国解放の悲願があった。さらに「あらゆる事柄を教授する」は世界のすべてを把握し再構成する「汎知学」へと発展していく。そうした意味で、彼の「教授学」は、今日でいうところのカリキュラム論や教育方法論を越えた、大きな構想を有するものであることに注意が必要である。

　コメニウスは「貴族の子どもも身分の低い者の子どもも、金持ちの子どもも貧乏な子どもも、男の子も女の子も、あらゆる都市、町、村、農家から学校へあがらなければなりません」とし、その理由を「人間に生まれた者は誰でも、人間になる、つまり理性をそなえた被造者となり他の被造物の支配者となり自らの創造主のあざやかな似姿になる、という同一の主目的をもって生まれた」(1、98頁) と説き、さらには「生まれつき知能の働きの低い者、鈍い者」であればこそ「魂の開発が必要」であり、「開発してもよくなる見込みがまるでないほどに乏しい知能は見られません」という (1、99頁)。また、彼は人間の成長段階を幼児期、少年期、若者期、青年期に分け、4段階の学校制度：母親学校（幼児期）−母国語学校（少年期）−ラテン語学校（若者期）−大学（青年期）を構想した。そして、「一生の役に立つ教育をしたければ、役に立つことを皆、この最初の学校のうちに植えつけてやらなくてはなりません」との考えから、母親学校で形而上学の土台、自然についての知識の基本、光学の初歩、天文学のきっかけ、地理学の手始め、編年史の土台、歴史のきっかけ、算術の根、幾何学の初歩、計重学のきっかけ、工作労働の手ほどき、思考の技術、幼児の文法学、修辞学のきっかけ、詩への趣味、音楽の手始め、家政学の基本、政治学への関心、徳行についての知識、神への帰依と敬神の心を大まかに教え、後続の諸学校で同様の内容をさらに詳しく教えるというらせん型の教育課程を提唱するのであった (2、100〜133頁)。

２）印刷術の応用と『世界図絵』

　『大教授学』では自然に依拠した**教授原則**が体系的に論じられている。例えば、的確に学習させるための第二の原則は「自然は、形式の持ち込みを始める前に素材を用意する」であり、そこから「Ⅰ．教科書その他の教具一切の準備をととのえておくこと、Ⅱ．言語よりもさきに認識能力を育てること、Ⅲ．どんな言語も、文法からではなく、適当な著作家の作品から学ばせるこ

と、Ⅳ. 事物の知識を言語技術よりもさきに、Ⅴ. また実例を規則よりもさきに、教えるようにすること」（1、155〜157頁）という改善策が導かれている。こうした教授原則は、**ラトケ**（1571〜1635）らの教授法の集大成であるとともに、当時普及しつつあった印刷術にちなみ「教刷術」（didacographia）と名づけられた。「用紙は生徒です。生徒の精神に知識という文字が印刷されるのです。活字は教授用図書とそのほかの教具の準備です。これがあれば、学習しなければならない知識が苦もなく精神に刻み込まれるのです。インクは教師の肉声です。これが、事物の意味を教科書から聴講者の精神の中に運び込むのです。圧印機は学校の規律です。教師の教えが、これによって教えやすくなりますし、また、いやおうなく教え込まれるのです」（2、137頁）。

　学校を印刷工場にたとえることは違和感があるが、彼のねらいは「子どもたちの折檻場」「知能の拷問室」（1、112頁）であった学校を「教える者にとっては教える労苦がいよいよ少くなり、しかし学ぶ者にとっては学びとるところがいよいよ多くなる」（1、14頁）ように変革することにあった。実際、コメニウスは1658年に世界初の「絵入り教科書」「子どものための絵本」として有名な**『世界図絵』**（図9-1）を出版しているが、それは、母親学校の子どもたちが楽しみながら感覚（視覚）を訓練し、言語を事物のイメージと結びつけて認識し、修得していくことをめざしたものであった。

図 9-1　『世界図絵』に描かれた「学校」

97

学校

学校は若人［わこうど］の心が徳へと形成される仕事場です。そして**クラス**に分けられています。
教師はいすにこしをかけ、**生徒**は長いすにすわります。教師は教え、生徒は学ぶのです。
ある事柄がチョークで黒板に書いて示されます。
二、三の生徒は教卓のそばにすわり、書き方をします。教師はまちがいを正します。
またある生徒は起立して、教えられたことを暗唱します。
別の生徒はおしゃべりをし、その上ふざけて不真面目［ふまじめ］です。
これらの生徒は筈［むち］（棒）や杖で罰せられます。

　　　出典：コメニウス著、井ノ口淳三訳『世界図絵』ミネルヴァ書房、1988年、107頁

3）一斉教授法の展開

「私は、教師ひとりで百人近くの生徒を指導することは、可能である、と断言するばかりではありません。そうでなくてはいけない、と主張するのであります」（1、216頁）。

コメニウスがめざした改革は、各国で民衆を対象と

図9-2　ウィルダースピンのギャラリー方式の授業

出典：ハミルトン著、安川哲夫訳『学校教育の理論に向けて』世織書房、1998年、112頁

する教育制度が整えられていくとともに現実のものとなる。産業革命期のイギリスを例に挙げれば、**ベル**（1753〜1832）と**ランカスター**（1778〜1838）の**モニトリアル・システム**、**オーエン**（1771〜1858）の**性格形成学院**、**ウィルダースピン**（1791〜1866）の**ギャラリー方式**（図9-2）など、様々な展開を経ながら、**一斉教授法**（一人の教師が一定数の生徒集団に対して、同一の教育内容を同時に教える授業形態）として普及・定着していく。

今日では、受け身の学習を招くと批判されがちな一斉教授法であるが、コメニウスの時代には、鞭の教育を改善し、身分や貧富の差に関係なく学ぶことのできる学校を実現するための思想と理論であったことを心にとどめておきたい。

2　ルソーにおける「子ども」の発見

自然科学の発展を支えた合理主義的な考え方は、やがて人間社会の考察へと向かい、自然法思想や啓蒙思想と呼ばれる潮流となった。イギリスの**ロック**（1632〜1704）、フランスの**ルソー**（1712〜1778）、ドイツの**カント**（1724〜1804）はその代表的な思想家である。ここでは、フランス革命前夜に旧体制の矛盾を批判し、新しい社会を担う主権者たる市民をいかに形成していくか、という課題に取り組んだルソーを見ていこう。

1）大人とは異なる存在としての子ども

　『**エミール**』（1762年）は、ルソー自身である語り手が家庭教師となって、エミールという架空の男の子を誕生から大人になるまで育てていく物語（表9-1）であり、「序」には次のような印象的な文章がある。「人は子どもというものを知らない。子どもについてまちがった観念をもっているので、議論を進めれば進めるほど迷路にはいりこむ。このうえなく賢明な人々でさえ、大人が知らなければならないことに熱中して、子どもにはなにが学べるかを考えない。かれらは子どものうちに大人をもとめ、大人になるまえに子どもがどういうものであるかを考えない」（今野一雄訳『エミール　上』岩波文庫、2007年、22〜23頁）。

　もちろん、ルソーの時代に子どもがいなかったわけではない。毎日の生活の中で、人々は子どもを目にしていたはずである。彼がいう「人は子どもというものを知らない」とは、当時の社会には、今日のような**大人とは異なる存在としての子ども**という見方（認識）が存在しなかったことである。では、どのような点で「子ども」は「大人」と異なるのであろうか。

　それは第一に、子どもが弱い者として生まれることである。そして、その弱さこそが教育の必要性と学習能力を意味する。「わたしたちは弱い者として生まれる。…生まれたときにわたしたちがもってなかったもので、大人になって必要となるものは、すべて教育によってあたえられる」（上、28〜29頁）、「わたしたちは学ぶ能力がある者として生まれる」（上、87頁）。

　第二に、子どもが大人とは異なる固有の時期（あるいは価値）を生きていることである。「自然は子どもが大人になるまえに子どもであることを望んでいる。この順序をひっくりかえそうとすると、成熟してもいない、味わいもない、そしてすぐに腐ってしまう速成の果実を結ばせることになる。…子どもには特有のものの見方、考え方、感じ方がある」（上、162頁）。「人生のそれぞれの時期、それぞれの状態に

表9-1　『エミール』の内容構成

第1編	誕生から1歳頃までの乳児期
第2編	言葉が話せるようになる1歳頃〜12歳頃までの児童期・少年前期
第3編	12歳頃〜15歳頃までの少年後期
第4編	15歳頃〜20歳までの思春期・青年期
第5編	20歳以降の青年期の終盤

114

はそれ相応の完成というものがあり、固有の成熟というものがある」（上、351頁）。だからこそルソーは「不確実な未来のために現在を犠牲にする残酷な教育」（上、130頁）に明確に反対した。

　第三に、そうした子ども観の根底には「自然」に従うべきだという主張がある。彼の「自然」は多義的だが、子どもの成長や教育が植物のアナロジー（類比）で語られるときは、習性や臆見によって変化する前の人間本来の傾向を意味し、「能力と器官の内部的発展は自然の教育である」（上、29頁）とした。ルソーは、自然の歩みに即し、誕生から成人までを大きく5段階に分け（表9-1）、それぞれ時期にふさわしい教育を論じるが、それは今日の発達段階に即した教育の出発点ともいえるものである。

2）自然の歩みを重視する消極教育

　では、大人とは異なる存在としての子どもには、どのような教育がふさわしいのか。それを考えるとき、ルソーの有名な言葉「万物をつくる者の手をはなれるときすべてはよいものであるが、人間の手にうつるとすべてが悪くなる」（上、27頁）が思い起こされる。彼は、堕落した社会に子どもを放置すれば、人間がつくりだしたものが善なる本性（自然）を破壊してしまうと考え、**消極教育**（l'éducation négative）と呼ばれる独特な教育思想を展開していった。「初期の教育はだから純粋に消極的でなければならない。それは美徳や真理を教えることではなく、心を不徳から、精神を誤謬からまもってやることにある」（上、171頁）。「熱心な教師たちよ、単純であれ、慎重であれ、ひかえめであれ。相手の行動をさまたげるばあいを除いてはけっしていそいで行動してはいけない。…悪い教育をあたえることにならないように、よい教育をできるだけおそくあたえるがいい」（上、179頁）。

　このように自然の歩みを重視し、人の手で損なうことのないようにゆっくりと進められてきた教育は、しかしながらエミールが**青年期**を迎えると急転回していく。「わたしたちは、いわば、二回この世に生まれる。一回目は存在するために、二回目は生きるために。…これがわたしのいう第二の誕生である。…ふつうの教育が終わりとなるこの時期こそ、まさにわたしたちの教育をはじめなければならない時期だ」（中、5〜8頁）。「人生にはけっして忘れ

られないようになる時期がある。…この時期はその後のかれの生涯に影響することになる。だから、それが消えないようにかれの記憶にきざみつけてやることにしよう。…たえず論理で語るのはけちくさい精神の好んですることだ。たくましい魂にはまったく別の言語がある。そういう言語によってこそ、人々をなっとくさせ、行動させるのだ」（中、305～306頁）。

　第二の誕生である青年期は、性の情念に突き動かされる時期であり、他者との積極的な人間関係への入り口である。この時期を境に教師と生徒との関係性は変化し、教育のあり方もまた変わっていかなくてはならない。ここから、「わたしたちの教育」が始まるのである。

3）「子ども」の発見のその後

　『エミール』は、ルソー自身が「幻想家の教育についての夢想」というように、そのまま現実に適用できるものではなかった。彼の**合自然性の原理**はスイスの**ペスタロッチ**（1746～1827）によって実践され、**メトーデ**と呼ばれる教育方法へと深められるのを待たねばならなかった。彼の学園には多くの視察者が訪れたが、その中には**幼稚園教育**を創始したドイツの**フレーベル**（1782～1852）や**近代的な教育学**を最初に体系づけた**ヘルバルト**（1776～1841）らがいる。ペスタロッチの教育理念や方法は様々に研究・発展させられて世界中に広まり、日本にも明治初期に**お雇い外国人教師**や翻訳教科書を通じて導入された。例えば、東京女子師範学校の付属機関として幼稚園が開設（1876年）され、ヘルバルトの弟子の**ライン**（1847～1929）によって確立された**五段階教授法**（予備-提示-比較-総括-応用）は、子どもの興味や知識を重視しながら新しい認識へと導く授業展開として日本の教育現場に定着していく。

　ところで、フランスの社会史家**アリエス**（1914～1984）も「中世の社会では、**子供期という観念**は存在していなかった」としている（杉山光信・杉山恵美子訳『〈子供〉の誕生』みすず書房、1980年、122頁）。なぜなら、子どもたちが人生の早い段階から大人と一緒の濃密な共同生活に組み込まれて日常を過ごしており、「可愛がる対象」「手厚く保護し、教育すべき存在」とはみなされてはいなかったからである。彼は、図像記述や書簡などから丹念に人々の心性の変化を探り、17世紀以降に今日と同じような子どもへのまなざしが出現し

たと考え、例えば、オランダの画家**ステーン**（1626〜1679）の「聖ニコラ祭」で子どもを中心として家族団らんの情景が描かれていることに注目する（図9-3）。アリエスの研究は、私たちが自明視している「子ども」という見方が長い時間をかけて形成され、ゆっくりと人々に共有されていったことを教えてくれる。「学校」や「家族」という観念についても同様であり、思い込みを捨て、基本的な枠組みを問い直していくことで、様々な発見があるに違いない。

図9-3　ステーン「聖ニコラ祭」

出典：アリエス著、杉山光信・杉山恵美子訳『〈子供〉の誕生』みすず書房、1980年、口絵

3　コンドルセが提起した「公教育」

　親たちが家庭などで子弟に自由に行う**私教育**に対して、国家が国民を対象に計画的・組織的に実施する教育を**公教育**という。そうした公教育のあり方に大きな影響を与えた思想家に**コンドルセ**（1743〜1794）がいる。彼が活躍したフランス革命期は、絶対王政と身分制社会を特徴とする旧体制（アンシャンレジーム）が打倒され、**人間と市民の権利の宣言**（1789年）の精神に則った新しい国家・社会をつくるための教育のあり方が模索された時代である。

1）権利を実現するための公教育

　人間と市民の権利の宣言は、人間は生まれながらにして自由かつ平等であり（第1条）、すべての政府の目的は人間の生来のかつ永遠なる諸権利を保護することにある（第2条）とフランス革命の基本原則を高らかに謳った。しかしながら、人々がそうした権利を実際に享受できないとしたら、有名無実である。そう考えたコンドルセは、権利の平等を実際的なものとするために、**公教育は人民に対する社会の義務**であると提唱していった。

　彼は、公教育は知育（instruction）のみを対象とすべきであるとして、訓育（éducation）を除外したがそれは次の理由による。第一に「仕事や財産の必然

的な相異が、これ以上に公教育の範囲を拡大することの障害となる」（松島釣訳『公教育の原理』明治図書、1962 年、31 頁）からだ。知育は段階づけて教えることができるが、訓育はそれができない。不徹底な訓育はかえって有害だというのである。第二に「親の権利を毀損するようになる」からである。ここでの親の権利（自然権）とは「自分の子どもたちの幼時期（ママ）を監督し、かれらの知識を補充し、その脆弱さを擁護し、生得的な理性を指導し、幸福になるようにかれらを準備するという権利」（33 頁）であり、自然によって親に課せられた義務でもある。

　そして第三は「思想の独立性に抵触するに至る」からである。「公権力によって与えられる偏見は、真の専制であり、自然的な自由のうちでも最も貴重な部分の一つに対する侵犯である」（35 頁）と断じるコンドルセは、宗教教育や政治教育において、特定の思想や教説を絶対視することを戒めた。それは「命を賭して護るべき憲法」にあっても例外ではない。「国民をして憲法を批判することを不可能ならしめるような盲目的熱狂を憲法のために鼓舞しなければならぬと理解するならば…一種の政治的宗教が創設されようとしているのである。それは精神に対して鉄鎖を用意するものであり、憲法を大切にすることを教えるという口実のもとに、最も神聖な権利の中なる自由を侵害しているのである。教育の目的は、すっかり完成している法律を人々に称讃せしめることではなくて、この法律を評価したり、訂正したりする能力を人々に付与することである」（42 頁）。

２）議会に提出されたコンドルセの公教育案

　1791 年、パリ代表として立法議会議員となったコンドルセは、公教育委員会の一員として「公教育の全般的組織についての報告と法案」（1792 年）をまとめた。その冒頭には**国民教育の目的**が次のように記されている。「諸君、人類に属するすべての個人に、みずからの欲求を満たし、幸福を保証し、権利を認識して行使し、義務を理解して履行する手段を提供すること。各人がその生業を完成し、各人に就く権利のある社会的職務の遂行を可能にし、自然から受け取った才能を完全に開花させ、そのことによって市民間の事実上の平等を確立し、法によって認められた政治的平等を現実のものにする方策

を保証すること。これらのことが国民教育の第一の目的でなければならない。そしてこの観点からすれば、国民の教育は公権力にとって当然の義務である」（阪上孝編訳『フランス革命期の公教育論』岩波文庫、2002年、11頁）。

　同法案では、こうした教育が平等に行き渡るようにするために、初等学校－中等学校－学院（アンスティテュ）－リセ－国立学術院という5階梯の単線型学校制度が構想されている。すなわち、読み書きをはじめすべての国民に必須の知識が教えられる初等学校を人口400人の集落ごとに1校、普通教育に加えて職業教育を行う中等学校を各地区ならびに人口4000人以上の都市に1校、普通教育の完成と高度な職業教育のための学院を各県ごとに1校、そして、学問研究機関であるリセを、知識人を地方にとどまらせることも意図して、国境近くやそれほど大きくない都市に計9校、配置することを計画している。さらに、あらゆる学問を代表する学者で構成する国立学術院をパリに設け、真理を探究し人間理性の完成をめざすとともに、教育機関全体の指導と監督を行うとした。内容面の特徴として、小学校からリセまでは無償を原則とし、奨学金制度も設けたこと、教育課程において特に数学と物理学を重視すること、男女同権の観点から**男女共学**を求めていること、教師に日曜ごとに誰でも参加できる**公開講座**を課していること、などが挙げられる。

　自然権を重視したコンドルセは、人々に恩恵として教育を与えることも、就学を強制することもしなかった。学ぶ自由と教える自由を大事にしながら、すべての人に教育が等しく普及するように、国家に公教育の義務を課したのである。

3）近代公教育の広がり

　コンドルセが心血を注いだ公教育案は、オーストリアに対する宣戦布告がなされたため、審議されないままに終わった。フランスで**近代公教育の原則**（義務・無償・中立）を備えた学校制度が法制化されるのは第三共和制期であるが、コンドルセが唱えた公教育の思想は世界各地に広まっていった。

　例えば、19世紀前半のアメリカの北東部諸州では、州民の子ども誰でもが共通の教育を受ける**コモン・スクール運動**が展開された。その運動を思想的に基礎づけ、また、行政面から推進したのがマサチューセッツ州の初代教

育長**マン**（1796〜1859）である。彼が同州教育委員会に提出した「年次報告書」には、自然権思想に由来する子どもの教育を受ける権利、公教育の政治的・宗教的中立性、公費による学校維持（税負担）、教育行政の地方分権、産業の進展が要請する教育内容、教育を受けた労働者の生産性の高さへの着目など、今日に通じる多くの論点が見いだせる。

4　デューイがめざした「学校と社会の結合」

　これまで見てきたように、19世紀後半のヨーロッパやアメリカでは公教育制度が整備され、すべての子どもに教育の機会が保障されるようになっていった。しかしながら、皮肉なことに学校教育が普及するほど、子どもたちは画一的なカリキュラムと一斉教授のもとで受動的な学習を強いられる状況が出現していた。そうした学校教育のあり方を批判し、**プラグマティズム**（道具主義）あるいは進歩主義の立場から「新教育」をリードしたアメリカの教育思想家に**デューイ**（1859〜1952）がいる。

1）これからは、子どもが太陽になる

　まず、デューイの目に映った当時の**伝統的な学校の教室**を確認しておこう。「醜い机が幾列にも幾何学的に整然とならべられて、できるだけ活動する余地をのこさないように密集されており、その机たるやほとんどみな同じ大きさで、その上に本・鉛筆・紙などを載せるのにちょうど足りるぐらいの広さであり…それはすべて『ものを聴くために』つくられたものである」「伝統的な学校教室には、子どもが作業をするための場というものがほとんどない。…できるだけ多数の子どもたちをとりあつかうために、つまり、子どもたちを個々のものの集合体としてひとまとめにとりあつかうために、すべてがあんばいされている」（宮原誠一訳『学校と社会』岩波文庫、2005年、46〜48頁、傍点は原文）。

　彼は、子どもたちを受動的なものとして取り扱う集団主義、同じ時間に同じ内容をできるだけ多く学ばせるような画一的な効率主義の教育を厳しく批判し、**学校を子どもが生活をする場所**へとコペルニクス的展開を図らなければならない、と主張する。

「旧教育は、これを要約すれば、重力の中心が子どもたち以外にあるという一言につきる。重力の中心が、教師・教科書、その他どこであろうとよいが、とにかく子ども自身の直接の本能と活動以外のところにある。それでゆくなら、子どもの生活はあまり問題にはならない。子どもの学習については多くのことが語られるかもしれない。しかし、学校はそこで子どもが生活する場所ではない。いまやわれわれの教育に到来しつつある変革は、重力の中心の移動である。それはコペルニクスによって天体の中心が地球から太陽に移されたときと同様の変革であり革命である。このたびは子どもが太陽となり、その周囲を教育の諸々のいとなみが回転する。子どもが中心であり、この中心のまわりに諸々のいとなみが組織される」（49〜50頁、傍点は原文）。

　デューイの教育思想は「児童中心主義」といわれるが、それは**「子どもの生活（経験）」を中心**に教育を組織し直すべきだ、との主張であることに注意してほしい。「学習？　たしかに学習はおこなわれる。しかし、生活することが第一である。学習は生活することをとおして、また、生活することとの関連においておこなわれる」「教育の問題は子どものこの諸々の活動をとらえ、この諸々の活動に指導をあたえるという問題なのである」（51〜52頁）。

　このように考える彼は、子どもの日常からかけ離れてしまっている学校を「子どもがそれをたのしみとし、またそれ自体のための意義をみいだすような生活体験をあたえる場所」（73〜74頁）に転換し、学ぶべき事柄を子ども自身の興味と活動によって学ばれるようにすべきだと主張する。では、そのためには、どうすればよいのだろうか。

２）胎芽的な社会としての学校

　デューイは、シカゴ大学の付属施設として実験室学校を開設（1896年）し、**「仕事（occupation）」を中心とした学習活動**の研究を行っていった。ここでの「仕事」とは織物（衣）、料理（食）、木工・金工（住）などであるが、その目的は子どもたちにただ単に能動的な活動をさせることではないし、まして実務的な技能を身につけるための訓練でもない。

　「いろいろな活動的な仕事を学校のなかにとりいれることにかんして、心にとめておくべき重大なことがらは、それらのものをとおして学校の全精神

が一新されるということである。学校はいまや、たんに将来いとなまれるべき或る種の生活にたいして、抽象的な、迂遠な関係をもつ学科を学ぶ場所であるのではなしに、生活とむすびつき、そこで子どもが生活を指導されることによって学ぶところの子どもの住みかとなる機会を持つ。学校は小型の社会、胎芽的な社会となることになる」(31頁)。

　かつて、家庭や地域社会の生活には「秩序や勤勉の習慣、責任の観念、およそ社会においてなにごとかを為し、なにものかを生産する義務の観念などの訓練の諸要因」(22頁) が豊かに含まれていたが、産業の集中と労働の分業によって、子どもの周囲から有用な仕事が減少するとともに、それらも失われてしまった。他方で、「寛容の拡大、社会的判断の幅の拡大、人間性にかんする知識の増大、性格の諸相を判断し、社会的状況を解釈することがすこぶる機敏になったこと、さまざまなパースナリティ(ママ)にたいする対応がはるかに正確になったこと、商業的諸活動との接触がいっそう広汎になったこと」(24頁) など、得たものも少なくない。そこでデューイは、学校のカリキュラムの中心に「仕事」を置き、社会が達成してきた科学や文化の精神が息づく場所、未来の社会の構成員たるに子どもが育つにふさわしい場所としようとしたのである。「社会が自らのためになしとげた一切のものは、学校のはたらきをとおして、あげてその未来の成員の手にゆだねられる。社会は、自らにかんするすべてのよりよき思想を、このようにして未来の自己にひらかれている新たな可能性をとおして実現しようと望む」(17〜18頁、傍点は原文)。

　デューイが「仕事」を学校に導入したのは、子どもの自然な成長過程（心理的要因）と社会的な価値が具現化された活動（社会的要因）を仕事によって統合しようとしたからであるが、それは簡単なことではなかった。デューイもいうように、「こんにちの学校の悲劇的な弱点は、社会的精神の諸条件がとりわけ欠けている環境のなかで、社会的秩序の未来の成員を準備することにつとめている」(27頁) からだ。こうして彼は、後年、教育を通じての社会改革というテーマにさらに傾倒していく。

3）新教育運動の進展

　19世紀末のヨーロッパで起こり、20世紀初頭にアメリカをはじめ世界的

規模で展開された学校教育の改革運動を**新教育運動**と呼ぶ。この運動は、子どもの興味や自主性を尊重し、主体的な活動や**労作教育**を通じて、全人的調和的な発達を促すことなどを特色とする。

　代表的な実践として、自然豊かな寄宿舎制の学校で全人教育を行った**レディー**（1858～1932）の**アボッツホルム学校**（英）、**リーツ**（1868～1919）の**田園教育舎**（独）、個性を尊重し、主体的な学び追究した**モンテッソーリ**（1870～1952）の**モンテッソーリ・メソッド**（伊）、**キルパトリック**（1871～1965）の**プロジェクト・メソッド**（米）、**パーカースト**（1887～1973）の**ドルトン・プラン**（米）、**ペーターゼン**（1884～1952）の**イエナプラン**（独）などがあり、わが国の大正期や第二次世界大戦後の教育に大きな影響を与えた。他方で、そうした子どもの自主性や主体的な活動を重んじる教育に対して、場当たり的な学習になりやすく、学力が十分に身につかないとの批判もある。この立場からすれば、教科を通じた系統的な知識・技能の伝達こそが学校教育の重要な役割なのである。教師（教科、一斉授業）中心か、それとも、子ども（活動、個別学習）中心か、教育の歴史は、この2つの理念の間を振り子のように揺れ動きながら発展してきた歴史ともいえる。

　本章では、ある時代や社会で「当たり前」とされていた教育のあり方に「新しい地平」を切り開いた教育思想の流れを追ってきた。今日、私たちが目にしている学校教育は、教育思想家が希求してきたことが実現されたものでもある。他方で、現実のものとなったからこそ、また別の問題が露呈してきている。みなさんなら、そうした問題をどのように考え、解決していこうとするのだろうか。教育思想家の言葉に耳を傾けながら、教育を見る目や感性を研ぎ澄まし、新しい時代の教育ビジョンを描いていってほしい。

参考文献
相馬伸一『ヨハネス・コメニウス　汎知学の光』講談社選書メチエ、2017年
デューイ著、宮原誠一訳『学校と社会』岩波文庫、2005年
ルソー著、今野一雄訳『エミール　上・中・下』岩波文庫、2007年

【これまでの学びを振り返って】

1. これまでの自分の経験も踏まえて、あなたが考える教育の現代的課題を
   挙げてみよう。

2. 第Ⅱ部で紹介された教育学や心理学の知見を参考に、1. で挙げた教育
   の現代的課題を解決するための方策を考えてみよう。

3. 第Ⅰ部・第Ⅱ部での学びを通して、あなた自身の教育的課題の捉え方や
   教育への考え方が変わったところはあるだろうか？　改めて、学習を通
   じた自分自身の変化や成長を確認してみよう。

第 Ⅲ 部

これからの教育を構想する

教育は未来への投資だといわれる。ここでは、これからの教育を構想するためにいくつかの知見を示す。まず、日々の教育活動の中で、教師が子どもを理解し、支援するということについて具体的に提示する。次に、学校教育の中で、道徳教育を通して「人としての生き方を考える」ことの可能性、その意義と課題について考えたい。道徳教育の基盤となる人権と人権教育について、多様性・SDGs・ジェンダー・セクシュアリティを切り口にその課題を整理する。さらに、教育を支える制度的基盤—教育行財政—の現状と今後の課題を述べる。周知のように、学校は地域の中で、地域とともに存続してきた。最後は、改めて、地域社会における学校の役割について考えてみたい。みなさんも、教育学の学習を通して、教職をめざすということについて熟考してほしい。

第10章

教員としてできること

1　教師を取り巻く現代の諸相

　2020年、令和の時代も2年目に入って早々、現代社会は世界的規模で新型コロナウィルスと対峙しなければならない状況下となった。わが国もその例外ではなく、日常生活の至る所にコロナ禍の深刻な影響が及んでいる。

　これまでわれわれは、現代の日本が置かれている状況を語る際、しばしば高度情報化・少子高齢化・グローバル化・高学歴化などのキーワードを用いて社会状況を捉え、その光と影にアプローチしてきた。しかし、これからの時代は「コロナ禍における……」という冠言葉を抜きにして社会を分析し、人間の生き方・あり方を問うていくことは到底できないであろう。コロナ禍は、昨今の急速な社会構造の大きな変化に一層拍車をかけ、先行きがより不透明な時代をもたらしたといえるのではなかろうか。そしてそれは、子どもたちを教え育て、子どもたちの人としての生き方・あり方に手を差し伸べ**人格の完成**へと導いていく教師にも、これまでの学校教育が抱えてきた複雑かつ多様化した課題への対応ばかりか、コロナ禍における諸々の事案への対応と不安の境地までをも付加したのである。

　デンマークの思想家**キルケゴール**（1813〜1855）は、著書の一つ『不安の概念』（斎藤信治訳『不安の概念』岩波文庫、1979年、124頁）の中で「不安が多ければ多いほど、感性もまた多い」と記しているが、不安という心理が研ぎ澄まされた感性へと転じたとき、教師はもとより子どもたちにも新しい生き方が生まれ、同時にそれを支援する教育のあり方が真に問われることとなろう。つまり、コロナ禍という時代の潮流の中で、感性を一つの媒介として自分自身を真正面から見つめ、自己の個別性や主体性を自覚し、苦悩と不安を超え

た時代に相応する自己の新しい生き方を求めることへつながるということである。

「今こそ新しさと向き合えるチャンスの時代」「新たな価値観を見いだしそれを自分らしくアレンジしていける時代」だと、むしろ希望を持って捉え、子どもたちをこれまで以上に豊かな生き方へと導くことのできる教師として、教職に臨みたいものである。このような視点から、次に、教師の仕事を通して子どもたちに何ができるのかを考えてみたい。

2　教師の仕事

どのような時代にあっても子どもを豊かに育て、その秘められた能力を引き出していけるのは教師という人間そのものである。したがって、教育が成功に結びつくか否かは、教師の資質や能力次第であるといっても過言ではない。そこが**教育は人なり**といわれるゆえんである。では、教師はどのような仕事を介して子どもたちが豊かな人生を送れるよう、教え育んでいくのだろうか。文部科学省初等中等教育局教職員課が作成した『教員をめざそう！』を手がかりに、筆者の現場経験も踏まえて概観したい。

まず教師の仕事の中心となるのは教科等の指導、すなわち授業である。それを通して子どもたちに知識や技能、またそれらを活用して課題を解決するために必要な思考力や判断力、表現力などを身につけさせるのである。加えて大切なことは、こうした授業を実践するため子どもたちに身につけさせたい目標や、それを達成するために欠かすことのできない学習活動などを明確にする指導計画の作成、教材や同僚教師の授業を研究するなど、自身の授業を充実させるために日々努めなければならない。このプロセスは、図10-1で表すことができる。

さらに教師は、授業以外にも様々な仕事をこなさねばならない。例えば子どもたちを自己実現へと導いていくため、適切な生徒指導や進路指導（キャリア教育）を行うことが求められる。また、クラス担任になればホームルーム活動などを利用しながらクラス全体をまとめ、学級経営を行う必要がある。

一方、子どもたちの目からは見えにくい仕事も多くある。例えば各種の会

図 10-1　授業実践のプロセス

指導計画の作成	教材研究・授業研究
各教科などの領域について指導計画を作成する。目標や学習活動および評価の方法なども決める。	教科書や副教材を研究し、授業の準備を行う。場合によってはフィールドワークも対象となる。他の教師の授業も見て、自身の授業の改善に役立てる。
学習評価	授業
観察やレポートおよび試験など、多様な方法で評価する。評価は成績をつける目的だけではなく、授業の改善にもつなげる。	授業計画を踏まえ、子どもたちにとってわかりやすく楽しめる授業を行う。子どもたちの反応にも留意し、子どもが主体的かつ能動的に学習に取り組めるよう心がける。

出典：文部科学省初等中等教育局教職員課『教員をめざそう！』3頁を参考に筆者が再構成した

　議への参加は、会議の場を通じて教師間で意思の統一を図ったり、様々な問題に関して意見を出し合いながらともに考え、解決の糸口を見いだしていくという仕事なのである。また、子どもたちに対してよりよい指導や支援を行うには、研修という仕事に臨むことも怠ってはならない。2012年の中教審答申では、教職生活全体を通じて実践的指導力等を高めることの大切さと、社会の急速な進展の中で知識・技能の絶えざる刷新が必要であることから、教師が探究力を持って学び続ける存在となることは不可欠であるとし、学び続ける教員像の確立を謳っている。したがって、大学等で教師になるために一生懸命学び、晴れて教師になれたら学びは終了（修了）というわけにはいかない。教員養成の段階のみならず、入職後の現職教育（研修等）を通じた教員育成も必要となる。すなわち、教師そのものも**生涯学習**の視点に立った**学び続ける教師**であらねばならないのである。

　これらを踏まえ、授業以外に行う教師の主な仕事をまとめると、おおよそ表 10-1 のように整理することができよう。

　このように、教師には授業をはじめ、それ以外にも多くの取り組むべき仕事がある。しかし、教育の質を高め、教育環境を向上させるためには、いずれも必要な仕事であり決しておろそかにすることはできない。

　とりわけ授業以外の仕事のうち、生徒指導や進路指導（キャリア教育）は子どもたちの人としての生き方・あり方に大きな影響を与えるものである。

表10-1　授業以外の教師の主な仕事

学級経営・生徒指導	
＊朝の会・帰りの会・ホームルーム等の実施	＊クラスの活動記録の作成
＊子どもの様子を把握（面接等の方法を用いる）	＊問題行動への対処
＊学級通信（クラス便り）の作成	

進路指導・キャリア教育	
＊進路に関する相談	＊進路に関する情報の収集や整理
＊「総合的な学習の時間」や学校行事等における職場体験もしくはインターンシップ等の実施	

部活動	
＊部活動の指導（技術面に関わる実践的指導・顧問としての指導など）	
＊年間計画を立案・把握	＊試合やコンクール等に関わる連絡調整および引率

校務分掌	
＊校務分掌の位置づけや内容を理解	＊年間計画を立案・把握
＊学校行事等の企画・立案・実施	

研修	
＊自己研修：教育方法や教材作成に関する研究会等へ自主的に参加し活動する	
＊校内研修：教育課題の解決や教師の資質能力向上等のために勤務校内で行われる	
＊校外研修：勤務校外で開催される各種研修会や講習会に研鑽等の目的で参加する	

出典：文部科学省初等中等教育局教職員課『教員をめざそう！』4頁を参考に筆者が再構成した

　それゆえ双方ともに教育課程の中にとどまるものではなく、すべての教育活動として機能することが求められる。つまり生徒指導と進路指導（キャリア教育）が、車の両輪のごとく連動しながら子どもたちの社会的自立をめざし、将来の自己実現に向け、教育の担い手（教師）による深い教育実践を通じて展開されることが重んじられなければならない。

　教育実践とは「社会によってつくり出された、人々をめぐる外的・内的諸矛盾に働きかけ、彼らの能力と人格の望ましい発達の原動力をつくり出すような、直接的・間接的働きかけのことである」（坂元忠芳「教育実践と教育科学」『子どもとともに生きる教育実践』国土新書、1980年、27頁）と定義されたりもするが、今後は「『コロナ禍における不安に満ちた社会によってつくり出された、これまでに経験したことのないような』人々をめぐる外的・内的諸矛盾に働きかけ、…」と言葉を添えた上で、その意味するところを理解し、各々の教師が独自のアイデアを交えながら子どもたちへの指導に臨みたいものである。

　そこで次節では、特に子どもたちの人としての生き方・あり方に大きな影

響を与えるとされる指導のひとつ、生徒指導に焦点をあて、教師として子どもたちに何ができるのかを考えてみたい。

3　生徒指導—教師による子どもたちへの働きかけ—

1）生徒指導とは何か

　生徒指導とは、2010年3月に示された文部科学省の『生徒指導提要』によれば、学校の教育目標を達成するために重要な機能を果たすものであり、学習指導と並んで重要な意義を持つものとされる。

　具体的には、社会の中で自分らしく生きることができる大人へと子どもたちが育つように、成長や発達を促したり支援することを意図に行う、教師の教育実践といえよう。例えば将来、子どもたちが社会や集団の一員として大人になるためには、社会性を育むことが不可欠である。そのため、学校生活の中で、子どもたち自らがその社会的資質を伸ばし、より社会的能力を身につけていくことが求められる。また、そうした資質や能力を適切に使って、社会に受け入れられるような自己実現を図りつつ、自身の幸福と社会の発展を追求していく大人へと成長していくことも期待される。このように、子どもたちの自発的で主体的な成長や発達を、教師は生徒指導を通じて支援するのである。昨今のコロナ禍における予測困難な時代を生きていく子どもたちが、主体性を持って未来の社会・未来の自分を創造していくためには、これまで以上に子どもたち自身が自分で進むべき方向を決定し、自らの足で一歩先へと踏み出していけるよう、そこへ導く力量が教師には求められるであろう。

2）生徒指導の実状

　では、生徒指導は実際どのような場面で何を対象とし、行われるのであろうか。筆者が中等教育に携わっていた頃の経験を踏まえ、現場目線の角度から主なものを表10-2にまとめた。

　生徒指導について語られる際、どちらかといえば問題行動等への指導や対応に焦点があてられることが多く、その一般的なイメージとしては「厳しい校則、校則違反をチェックする怖い教師、怒られたり注意されたりする、管

表 10-2　生徒指導の場面とその主な対象

場面	主な対象
登下校時	・挨拶の励行を促す ・身だしなみ等の指導 ・通学路における安全指導
授業開始時	・始業開始と同時に着席を促す ・挨拶の励行を促す ・授業に臨む準備（心構え）を促す
授業中	・私語や居眠り等の授業態度に関する指導 ・他者の話に対する傾聴の姿勢を促す ・発言等への意欲や積極性を促す
授業終了時	挨拶の励行を促す
学校行事の場	安心、安全に関する指導
道徳教育の場	生活態度や言動等がふさわしいものか省察させる
特別活動の場	様々な人との交流を通じ関係性や積極性を考えさせる
キャリア教育の場	将来の生き方や就きたい職業等について考えさせる
教育相談の場	悩みを受け止め解決へと導く支援
問題行動等の予防の場	アンケート調査や面談等の実施
問題行動等に関する過程	いじめ、不登校、暴力行為等への適切な対応
学校外の場	繁華街や娯楽施設での巡回指導

出典：筆者作成、2020 年

理主義的教育の象徴」等々、ネガティブに捉えられることが多かったように思える。現に筆者自身が大学で担当した「生徒指導論」の講義中、受講生に生徒指導のイメージについてたずねてみたところ、同様の回答が多数挙がった。

　さらに生徒指導は、「生徒指導主事」などの肩書きを持つ特定の教師が、いわば専門的に対応すると認識されている傾向も高かった。しかし、表10-2でも見て取れるように、生徒指導には教師による幅広い働きかけが含まれており、様々な場面であらゆる角度から指導が行われることを忘れてはならない。したがって、前出の『生徒指導提要』にもあるが、特定の教科や領域、特定の指導内容、限定的な対象者のみに行われる教育活動ではないのである。同時に生徒指導は小学校から高等学校までの学校段階や、子どもの発達段階を踏まえ、全教育活動を通じて全教職員が行うものである。すなわち前節でも述べたように、生徒指導や進路指導（キャリア教育）はすべての教育活動として、教師の教育実践により「機能する（機能として働く）」ものと

理解しなければならない。それにもかかわらず、これまで述べてきたような
ネガティブな側面だけに注目が集まる背景には、もうひとつ理由があるよう
に思える。それは、教師が日常的に当たり前のように行っている生徒への働き
かけが、実は生徒指導の要素を持ちえた働きかけであることを、各々の教
師がどれだけ自覚しているか否かという点である。例えば、日頃から気にな
っている子どもに対しては働きかけをしてきた、あるいは教師が個々の判断
のもと必要性を感じたときに働きかけをしてきたなどの認識であったとすれ
ば、「意図的」に自覚を持って生徒指導が行われているとは言い難い。加え
てそこには、すべての子どもを対象にした計画性（計画的に行うという視点）が
欠如している。これでは、「生徒指導＝問題行動等への対応」などと、一面
的でネガティブな捉え方が先行したり、それが生じてしまうのも無理はない。

3）教師に求められる生徒指導上の視点

　生徒指導の目的を達成するためにも、教師は日々の働きかけを通じて「生
徒指導を行っている」という確かな自覚を持ち、すべての子どもに対し適切
な指導を展開していくことが殊更重要である。そして、必要な働きかけが十
分に行われているか、その成果はどのようなものであったか等を確認（評価）
しながら、日常的な生徒指導が計画的に実施されていくことも求められる。
要するに教師は、子どもたちをどのような人間へと育んでいきたいのか、そ
のためにはどのような働きかけが求められるのかを明らかにし、それが実現
するよう計画的かつ継続的に成果を確認しながら生徒指導を行わなければな
らないのである。同時に、状況に応じてその時々で行われる働きかけ、例え
ば子ども同士で言い争いをしている場面に遭遇した際などの生徒指導につい
ても、日々の働きかけと同じ一つの方向性の中で行われるよう、慎重に配慮
していかなくてはならない。ただし、それらとともに生徒指導を実践する教
師としては、留意したい点がある。それは、教師があまりにも主体となり過
ぎて働きかけに専念するといった一方向の指導では、子どもの社会的な自立
や、コロナ禍にあってもたくましく**生きる力**は育まれにくいという点である。
子どもの側からもリアクションを起こす機会を設けるなど、双方向の環境を
構築することが必要だと考えられる。

　本章の第 1 節で触れた実存主義の先駆者でもあるキルケゴールによれば、人間は一人ひとりが自身の存在を意識しながら、その存在の仕方を自ら選んでいくことができるという。こうした人間の自由選択の意義を強調し、未来の一部分はそのような選択にかかっていることを彼は強く主張した。このような人間の持つ個別的な自由意志を持って、自身による独自の生き方（行き方）を選択し、自らのあり方も決まるのである。彼の主張を手がかりにするならば、教師は生徒指導を通じ、子どもたちの自己指導力（自分自身に対して指導をする力）も育まなければなるまい。

　それに関連してドイツの哲学者**ヤスパース**（1883〜1969）は、人間を常に何らかの、変化しながら存続する状況の内にいる「状況内存在」と捉え、主体（人間）が状況の内で行為することによって状況を変化させ、別の状況へと移行することができることを論じている。すなわち、個々人が目的意識を持って行為することで新たな状況をつくりだし、自分自身が望む結果をもたらすことができるということなのである。その際の行為とは、自分自身の主体的な決断であり、それによって真の自己へと生成することも述べている。さらに彼は、状況という中で自己は他者とともに存在し、他者との真剣な対話ともいうべき「交わり（交流）」を通して、初めて自己でありうると主張するのである。したがって、人間は「社会」というひとつの状況の中で、他者と関係性を持ちながら生きる存在でもあるため、自分自身という個（私）を尊重しつつ社会という公（公共）の視点を見失わないよう、教師による**シチズンシップ教育**の観点を持った生徒指導がなされることも必要となるであろう。これを教室での光景に置き換えるならば、授業中に子どもが騒いだり私語を発したりするといった行動を、級友や教師自身の授業のあり方と関係づけて考え、そこに共感的人間関係が生まれるよう、状況に応じた適切な指導・働きかけが行われることが大切になると**考えられる**。

　以上のことから、生徒指導が本質的に「機能」するためには、学校が行うすべての教育活動で、教師が子どもに試行錯誤や自己決定をする機会を積極的に設けるなど、工夫ある働きかけが必要となろう。こうした教育実践が、子どもの自己指導力や自己開拓力（自分の人生を自分自身で切り開いていく力）を

身につけさせることにつながるのである。また、**個に応じた指導**という考え方が象徴しているように、子ども一人ひとりが異なる個性を持っていることを教師自身がよく理解し、子どもに自己の存在感を与えることも生徒指導を円滑に「機能」させるためには欠かすことができないであろう。そして教師のみならず、子ども自身もまた相互に異なる個性を持っていることを受け入れなければならない。多様性を尊重しながら各自の個性を十分発揮できる生活を送るために、特別なニーズの有無に囚われることなく、教師はともに生きて社会を形成していく共生社会の一員としての自覚を子どもたちに持たせる必要がある。互いの理解や認識不足に起因する不適切な言動などが、問題と思われる行動へと進展しないようにするためにも、こうした観点からの教師による働きかけは重要となるであろう。このような所にも、子どもたち同士で、さらには子どもと教師との間で、共感的な関係の構築が望まれるのである。

4）問題行動の一例に対する教師の働きかけを考える

　教師がこうした生徒指導上の視点を持ち、日々子どもたちと向き合うことが望まれる中、指導対象のひとつとなる「いじめ」などの問題行動は依然として終息する兆しはない。具体的に見ていくと、文部科学省が毎年行っている「児童生徒の問題行動・不登校等生徒指導上の諸課題に関する調査」について、令和2年10月に令和元年度の調査結果が公表された。その中の国公私立学校を対象とした「いじめの態様の推移」によれば、表10-3の通り、前年度と比べすべての区分で認知件数の増加が見られた。

　このような学校におけるいじめの問題に対して、学校そのものは各種の日常的な取り組みを行っているが、先述した「3）教師に求められる生徒指導上の視点」に立って考えるなら、例えば次のような教師らの取り組みが一層重要になるであろう。

① 　道徳や学級活動の時間に、いじめに関わる問題を取り上げ、子どもたち全員に指導を行う。

② 　児童会活動・生徒会活動を通じて、いじめの問題を考えさせたり、児童・生徒同士の人間関係や仲間作りを促進する働きかけを行う。

表 10-3　いじめの態様の推移

区分	年度	小学校・中学校・高等学校・特別支援学校の合計認知件数（件）
冷やかしやからかい、悪口や脅し文句、嫌なことをいわれる。	平成 30 年度	341,270
	令和元年度	379,417
仲間はずれ、集団による無視をされる。	平成 30 年度	74,190
	令和元年度	83,671
軽くぶつかられたり、遊ぶふりをして叩かれたり、蹴られたりする。	平成 30 年度	116,311
	令和元年度	131,232
ひどくぶつかられたり、叩かれたり、蹴られたりする。	平成 30 年度	30,023
	令和元年度	33,120
金品をたかられる。	平成 30 年度	5,700
	令和元年度	6,160
金品を隠されたり、盗まれたり、壊されたり、捨てられたりする。	平成 30 年度	29,939
	令和元年度	33,965
嫌なことや恥かしいこと、危険なことをされたり、させられたりする。	平成 30 年度	42,172
	令和元年度	50,129
パソコンや携帯電話で、誹謗中傷や嫌なことをされる。	平成 30 年度	16,334
	令和元年度	17,924
その他	平成 30 年度	23,222
	令和元年度	26,591

注：複数回答可。
出典：文部科学省初等中等教育局児童生徒課「令和元年度　児童生徒の問題行動・不登校等生徒指導上の諸課題に関する調査結果について」（令和 2 年 10 月 22 日）42 頁の〈参考 10〉をもとに筆者が再構成した

③　職員会議などの場を利用し、いじめの問題について教職員間で共通理解を図る。

④　いじめの問題に関する校内研修を、全教職員を対象として実施する。

　さらに、コロナ禍という状況においては、子どもたちが自宅で過ごす機会も増え、表 10-3 にもある「パソコンや携帯電話で、誹謗中傷や嫌なことをされる」といったいじめが今後一段と増加することも懸念される。したがって、次のような取り組みなども積極的に加味し、問題に臨まなければなるまい。

⑤　子どもや保護者を対象に、インターネット等を通じて行われるいじめの防止、および効果的な対処のための啓発活動を実施する。

⑥　教育相談の実施に関しては、学校以外の相談窓口もあることを周知するため、子どもや保護者に向けて広報の徹底を図る。

⑦　PTA など地域の関係団体とともに、いじめの問題について定期的・継続的に協議する機会を設ける。

　ここでいえることは、とかく関心の目がいじめの加害者や問題行動を起こす子どもに対して行きがちであるが、そこでの限定的な指導にとどまるのではなく、学校という小さな社会が集団生活の場である以上、他者というすべての子どもに対して教師の働きかけがなされなければならないということである。そこには、学校や学級全体にまで教師の働きかけが行き届くことによって、いじめなどの問題を発生しにくくする予防効果までもが期待できる。いじめを起こす当事者を取り巻く周囲の状況・環境・雰囲気、例えば見て見ぬふり・無関心といった態度がいじめを助長させることがある一方で、教師による日常的な働きかけといった生徒指導の成果により、逆に当事者を取り巻く周囲の状況・環境・雰囲気を変え、当事者の行為を抑制させ、事態の悪化をくい止めることにもつながるのである。また上述のうち、とりわけ③や④の事項については、いわゆる「チーム学校」として取り組んでいこうとする態度の表れであり、これは生徒指導などで教師自身が一人で問題等を抱え込むことを避ける上でも欠かすことのできない組織としての姿勢である。

　多様な価値観の中で複雑化していく生徒指導の現状においても、より新しいあり方と向き合っていくため、このようなパラダイムシフトが求められる時期に来ているのではないだろうか。

4　これから教師としてできること

　ここまで生徒指導を軸に、教師としてできることを考えてきたが、今後も続くことが予想されるコロナ禍の状況にあっては、様々な制限や制約を伴う教育実践が余儀なくされる。教師が子どもたちを教え育むことはもちろん大切であるが、一方で新型コロナウィルスの感染リスクを下げる取り組みも、時に命に関わる問題となるため必要である。要は「教育」と「感染予防」の、双方のつり合いがとれていることが肝心となる。それを踏まえた上での教育

実践を展開していくことになるであろうが、制限や制約を伴う以上、まずは教師が今本当に必要なものは何であり、削っても子どもたちの教育に大きな影響が出ないものは何なのか、教師の役割や学校がなすべき義務などの観点から十分に吟味しなければならない。例えばオンライン授業（学習）は、接触感染のリスクを下げるだけではなく、通学時間の削減にもつながり、多少の差はあるものの子どもたちに時間的ゆとりを生み出した。また、不登校の子どもがオンライン授業の実施をきっかけに、授業へ参加するようになった事例も散見する。その一方では、オンライン授業に臨むにあたり様々な環境格差問題が露呈し、子どもによっては状況に相応した適切な教育を受けられない事態も生じた。そして何よりも、教育には欠かすことのできない大切な要素である「人とのつながり（人的交流）」や「体験すること」を通した学習が困難を極めたことは否定できない。

　そうした中、削減しても子どもたちの教育に大きな影響が出ないものとして、学校行事を取り上げ議論する動きも散見される。しかし、例えば運動会や体育祭、合唱コンクールや文化祭といった学校行事は、人と人とが直接的に触れ合うことで温もりや熱気、その場ならではの雰囲気を体感・学習できる絶好の機会であり、オンライン授業（学習）ではなかなか身につかない力を培うには適したもので、精選することの難しさを痛感する問題だといえる。

　今日のこうした状況だからこそ実践できる、新しい指導・働きかけ・教え方・学び方はあるはずだ。教師はそこをよく検討して見極め、子どもたちが新しい生き方・価値を見いだすための支援者として、子どもたちに寄り添っていきたいものである。

参 考 文 献

伊藤潔志編著『哲学する教育原理』教育情報出版、2019 年
江澤隆輔『先生も大変なんです』岩波書店、2020 年
工藤勇一『学校の「当たり前」をやめた。』時事通信出版局、2018 年

第11章

人としての生き方を考える

1 教師にとっての「人としての生き方」

　教員にとって、本章のタイトル「人としての生き方を考える」には、2つの意味がある。

　一つ目の意味は、「教師として、自分の生き方を考える」という意味である。教師は、教師の職責を果たすことを含めて、自分の生き方を考える必要がある。もっとも、どのような職業に就いたとしても、私たちは、自分が選んだ職業の責任を果たすことを含めて、自分の価値観を確立し生き方を考えなければならないから、これは教師だけに求められていることではない。

　教師にとって、人としての生き方を考えるもう一つの重要な意味がある。「教師として、児童生徒たちの生き方を考える」という意味である。教師は、児童生徒が一個の人間として自分の価値観を確立し、それぞれの生き方を定めていくことができるようにする必要がある。もちろん、児童生徒の生き方を考えるのは、最終的には児童生徒自身である。教師の役割は、そのために必要なものを児童生徒が修得できるようにすることである。これは教師に特別な、教職を魅力的でありかつ難しい仕事としている課題である。

　では、児童生徒が価値観を確立し生き方を定められるようになるために、教師は何をすべきなのだろうか。知識や技能、問題に向かい合う姿勢、コミュニケーション能力等、学校で経験し学ぶあらゆることがこれに関わりを持つだろう。その意味では、教師の職務全体が児童生徒の生き方と関わりを持つことになる。ところで、そのあらゆる職務の中で、教師は、価値観そのものについて、児童生徒に対して語ったり教えたりするべきなのだろうか。それとも、価値観そのものを伝えることは控えるべきなのだろうか。本章で取

り上げる、人としての生き方を考える問題は、この問題である。

　価値観の教育をめぐっては、いくつもの考え方があるように思われる。試みにいくつか例を挙げてみよう。

① 価値観は相対的であり人によって異なる。教師と児童生徒も別の人間である以上、教師は自分が正しいと思う価値観であっても、それを教えるべきではない。教えたら価値観の押しつけになりかねない。

② 価値観の形成には、学校以外の、家庭などにおける教育が重要である。

③ 教科の授業や生活指導、学校行事などを通じて、価値観が形成されていく。学校での働きかけはそれで十分であり、それ以上は特に必要ない。

④ 人間として共有すべき価値観があり、それは教える必要がある。

⑤ 現在、いじめや、規範意識の欠如という問題がある。学校でも積極的に価値観を教えるべきである。

⑥ 道徳という教科があるのだから、学習指導要領通りに、道徳の教科書を使って教えるのがよい。

⑦ 教師は自分が正しいと信じる価値観を生徒に伝えるべきである。

　ここに挙げた考え方は、いずれも特に変わったものではなく、教育をめぐる議論の中で、様々な形をとって（場合によっては複数を組み合わせて）姿を現すものだと思われる。しかし、このように並べてみると、ずいぶんと違っているようにも思われる。どれが適切だろうか。これらについては、以後、論を進める途中で、都度、振り返ってみたい。

　考えてみれば不思議である。児童生徒が自分の価値観を確立し生き方を定めるために必要なものを修得できるように、学校教育全体がめざしている。ところが、実際に価値観を伝えるかどうかという、ある意味核心的なことになると、しっかりと伝えるべきだという考え方から、直接伝えるのは避けるべきだという考え方まで、様々な意見が出てくるのである。

　2018年度から小学校で、2019年度から中学校で、道徳が教科（**特別の教科 道徳**）となった。したがって、上の例のうち⑥は、とりあえず間違ってはいない選択肢ということになる。しかし、ほかと比べて、これが特に優れた選択肢と思われるだろうか。逆に、道徳や価値観を教科書通りに教えるという

ことに、どことなく違和感を感じはしないだろうか。他の教科であれば、学習指導要領の内容を教科書に即して教えることは、当然のことである。ところが道徳に関しては、このごく当たり前のことが、それほど当たり前には思われない。これも、考えてみれば不思議なことである。

　本章の検討も、特別の教科　道徳を中心に据えながら進めたい。しかし、その前に、論点を整理しておく必要がある。道徳や価値観をめぐる議論は混乱しやすいからである。本章では、まず、教育と価値観は不可分に結びついていることを考える。次に、私たちの思考には、価値観が様々な形で含まれていることを考える。その後で特別の教科　道徳の特徴を考える。以上のことを考えた上で、児童生徒に価値観を伝えることについて検討する。

2　教育と価値

1）子育てと願い・希望

　教育は何らかの価値観と不可分に結びついている。何らかの価値観と無縁であるような教育は考えられない。最初に、このことを確認しておこう。

　教育という営みの一番もとにある、子育てに立ち返って考えてみよう。

　子どもが生まれたときから（お腹にいるとわかったときから）、親は、自分の子どもがいい子に育ち、立派な大人になってほしいと願うことだろう。どのような子を「いい子」と考えるか、どのような大人を「立派」と考えるかは、親によって様々だろう。しかし、願いや希望を抱かない親がいるとは思えない。「普通で平穏な人生を送れればよい」「子どもの人生は子どものものだから、親は特に何も求めない」という考えもあるだろうが、しかし「普通で平穏な人生」「子どもの人生は子どものもの」という言葉にも、深い願いや希望が込められているように思う。そして願いや希望は、何らかの状態を「善い」「正しい」と考える価値観と結びついている。子育ては親の願いや希望、価値観と不可分である（先に挙げた選択肢の②はここで述べたことと関わる）。

　このような願いや希望、価値観は、子育てに限らずあらゆる教育の根本に存在する。自分が教える児童生徒に対して、「このような人間に育ってほしい」という願いや価値観を持たずに教育に携わっている教師を想像すること

は難しい。明言しないことはあるだろうし、どのような願いを持つべきなの
かを悩むことはあるだろうが、願いや価値観のない教育は想像できない。

２）学校教育と価値

　個々の親や個々の教師だけの話ではない。日本の教育制度も、明確な願い
や希望、価値観をもとに構築されている。

　日本の学校教育制度は日本国憲法や教育基本法などに基づいている。**教育
基本法**第１条には、教育の目的として「教育は、人格の完成を目指し、平和
で民主的な国家及び社会の形成者として必要な資質を備えた心身ともに健康
な国民の育成を期して行われなければならない」と記されており、第２条に
は、この目的の達成するための目標が５項目示されている。学校教育を支え
る願いや希望、価値観が、ここに端的に示されている。

　教師は価値観を教える方がいいのか、教えない方がいいのかという問いに
対するひとつの回答は、学校の教育は教育基本法に示されている価値観の実
現をめざしているのだから、教師が様々な職務を遂行すること自体が、その
価値観を伝えることと不可分につながっているというものである（先ほど挙
げた選択肢でいうと、③はこれと矛盾しない。⑥も適切な意見ということになる。⑤も、
学校の重要な課題だと考えられているので適切であろう）。

3　価値をめぐる私たちの思考

１）言葉と価値

　価値観と教育との関係を考えるためには、教育に関する議論から一度離れ
て、私たちの思考や、思考と密接に関わる普段使っている言葉の意味につい
て整理しておく必要がある。本節ではこのことについて考える。

　まず、私たちが使う語の意味について考えることにしよう。語の意味は、
一般に**記述的意味**と**喚情的意味（情緒的意味）**に分けられる。

　記述的意味とは、語が指し示す事実に関する意味である。例えば、「犬」
という語が指し示す事実とは、世界に存在している（していた、これから存在す
る）すべてのイヌの集合である。辞書に載っている「犬」を別の言葉で言い
換えた説明、例えば「最も古く家畜化されたイヌ科の哺乳類」（『明鏡国語辞

典』）も「犬」と同じものを指し示している。これらが「犬」の記述的意味である。一方、喚情的意味とは、語が引き起こす価値的、情緒的、（辞書に載るとは限らない）比喩的意味である。「犬」の喚情的意味は、愛犬に対する温かな気持ちや信頼感などと関わり、犬に対する評価や、「忠実さ」「しっぽを振る手下」という「犬」の比喩とも関係する。

　語の主要な意味は記述的意味である。辞書に第一義として載っているのは記述的意味であることからも、これは明らかである。ところが、実際の私たちの言葉の使い方を見ると、必ずしも記述的意味を最も重視して言葉を用いているとは限らない。

　例えば、「教師」という言葉を考えてみよう。教師とはどういう存在かと質問されたら、どのように説明するだろうか。「教師」という語を知らない人に対してであれば、辞書に書いてあるような説明をすることだろう。しかし、例えば大学の教職課程の授業で、「教師とは何か」という問いかけがなされた場合、どのような答えをすることになるだろうか。

　一つは、記述的意味を、より詳しく述べるという方法があるだろう。例えば、「教員の種類と職名には、小学校、中学校、高等学校、中等教育学校、特別支援学校および幼稚園では教諭、助教諭、養護教諭、養護助教諭、栄養教諭および講師…」（『ブリタニカ国際大百科事典』を一部引用）などと述べる方法である。より詳しい記述的意味を知ることは、勉強では重要である。

　しかし、もう一つ、これとは別の答え方がある。「理想的な教師」「本来あるべき姿としての教師」を考えて、「教師とは、授業で知識を伝えるにとどまらず、授業以外の時間を含めて常に生徒を思いやり、授業以外の様々な相談にも親身に対応する人である」のような説明をすることである。この説明が述べているのは、辞書や事典には掲載されていない教師の意味である。より詳しい記述的意味を述べるのではなく、より深い喚情的意味を述べているのである。実在の教師が持つ特徴を記述的に述べるのではなく、理想像としての教師を語って、教師は理想的な教育の姿を体現した存在であるという、私たちが教師に抱いている深い思いを伝えようとしている。

　このような思考は、記述的意味を変更させることがある。例えば、「あの

人は、教員免許を持ち、教員として採用されて学校で教えているけれども、本当の教師とはいえない」というような言い方を、私たちはすることがあるのではないだろうか。これはかなり矛盾した言い方である。ある教師について、辞書にある「教師」の記述的意味を認めた上で、それを本当の教師ではないと否定しているのである。ここで行われているのは、語の喚情的意味を優先して、喚情的意味に合致するように記述的意味の方を変えることである。喚情的意味が大きい語の場合は、この矛盾に気づきにくく、より重要な考えが示されたと受け止められたりする。記述的意味は矛盾していても喚情的意味は矛盾していないからである。このような議論の仕方を、**スティーブンソン**（1908〜1979）は**説得的定義**と呼んだ。さらに、何らかの実践的、道徳的な意図を持った上で、語の記述的意味を変える言い方を、**シェフラー**（1923〜2014）は**プログラム的定義**と呼んだ。

　説得的定義やプログラム的定義に見られるように、私たちの語用は、意識的・無意識的に、喚情的意味の方に目を向けながら行われることがよくある。例えば、後に述べるように、道徳の学習指導要領に内容項目として挙げられている事柄には、喚情的意味に注目が向きがちな語が多い。価値観に関わる議論をするときには、語の記述的意味と喚情的意味に注意する必要がある。

2）事実と価値

　上で述べたのは、ひとつの語が持つ2つの意味、すなわち、記述的意味（事実に関する意味）と、喚情的意味（価値に関する意味）に関わる話であり、また、そこから生じる語の定義に関する話であった。

　私たちが用いる言葉については、文のレベルでも考えておくべきことがある。文は、事実を述べる文と、事実についての価値的な評価を述べる文に大きく分けられる。

　事実を述べる文とは「○○である」という文である。事実を述べる文は、事実通りのことを述べている場合は「真（true）」の文となり、事実と合っていないことを述べている場合は「偽（false）」の文となる。ある文が真であるか偽であるかは、その文が述べている事実を調べれば明らかになる。例えば、「死刑を実施している国がある」は事実を述べている文である。実際に死刑

が実施されている国があればこの文は真であり、死刑が実施されている国が
もしないとすれば、この文は偽である。

　一方、事実についての価値的な評価を述べる文とは、「〜は善い（good）」
「〜は悪い（bad）」「〜は正しい（right）」「〜は間違っている（wrong）」「〜す
べきである」という形をとる文である。「死刑制度は善い（good）」「死刑を認
めるのは間違っている（wrong）」は、死刑制度に対して「善い」「間違って
いる」という評価を述べている。「死刑を実施している国がある」が真であ
ることを共有した上で、それに対し異なる評価をしている。このように、真
偽と評価（善い、悪い、正しい、間違っている、〜すべきである）は別のことである。

　なお、日本語では真（true）を「正しい」、偽（false）を「間違っている」
ともいうので混同しやすいが、真、偽は事実と合致しているか否かに関する
ことであり、一方、正しい（right）、間違っている（wrong）は、価値的な評
価を述べている。両者は区別しなければならない。真、偽を明らかにするに
は事実を調べればよい。一方、善い、悪い、正しい、間違っている、〜すべ
きであるは、事実を調べただけでは明らかにならない。

3）価値に対する態度

　事実に関する記述を行う文と、事実に対する評価を行う文を区別した。こ
れに関連して、価値に関して、**価値無関係的態度、価値関係的態度、価値評
価的態度**という３つの姿勢を区別することができる。価値無関係的態度とは、
事実にのみ関係しようとする態度、価値評価的態度とは、事実について評価
を行おうとする態度、価値関係的態度とは、価値を含んでいる事象に対して
価値無関係的に関わろうとする態度である。

　具体的な事例を挙げつつ考えてみよう。教科書に書かれていることは、基
本的にすべて真（true）である。偽（false）は書かれていない。学校では真の
知識を学び、偽を学ばないことが重要である。テストでも、事実に合致した
回答（すなわち真を述べた回答）は正解となり、事実と異なった回答（すなわち
偽を述べた回答）は不正解となる。このような、事実の真偽にのみ注目する態
度を価値無関係的態度と呼ぶ。先ほどの用語を使っていえば、「価値無関係」
とは、善い、悪い、正しい、間違っている、〜すべきであると関わらないと

いうことである。真偽を論じることに価値がないといっているのではない。「水の沸点は 100℃である」は真であり、これを知ることには価値があるが、しかし、この事実は善い、悪いなどとは関係ないので「価値無関係」である。価値無関係的態度は、知識の教育にとって重要である。

　一方、善い、悪い、正しい、間違っている、～すべきであると述べる場合を価値評価的態度と呼ぶ。議論を行うためには、事実の真偽を明確に知る必要があることはもちろんだが、そこにとどまっているだけでは自分自身の見解・結論を述べたことにはならないことが多い。善い、悪いなどの評価は、事実の真偽を知った上で、そこから一歩進めて行うことである。例えば、死刑制度の存廃を検討する際には、この制度の存廃によって生じる、事実についての真偽を正確に知った上で、善い、悪い等を考察する必要がある。ディベートなどでは、正確な知識（真）を積み重ねた上で、どのようにするべきか、どのようにするのが善いことかを論じ合う。ここには、価値評価的態度が多分に含まれることになる。

　価値関係的態度とは、価値の評価を含む事象について、事実を論じる態度である。先ほどの例を使えば、死刑制度に関しては専門家の間でも意見が分かれるであろう。したがって、死刑制度についての議論は、「死刑制度に賛成する意見として○○という意見がある」「死刑制度は間違っているとする意見に△△がある」という説明を含むことになる。これは価値関係的態度の一例である。人間や社会に関する議論や検討を行う際には、価値関係的な態度をとる場合が多くなる。価値関係的態度は価値と関わりを持っているが、しかし、価値評価を行っているわけではない。

　自分の価値判断を論じ、あることについて、善い、悪い、正しい、間違っている、～すべきであるというときには、価値評価的態度をとる必要がある。これは、教育における価値観の扱い方を考えるときに重要なポイントである。

4　道徳教育

1）「特別の教科　道徳」の制度

　以上を踏まえて、本節では、特別の教科である道徳について考える。

　特別の教科　道徳の内容を考える前に、制度の概要を見ておくことにしよう。道徳は、2018年度から小学校で、2019年度から中学校で、特別の教科となり、制度的に大きく変わった。とはいっても、実はこれまでの道徳の時間と変わらないところも多い。従来と変わった点とあまり変わっていない点の両方を整理しておく必要がある。

　先に、あまり変わっていない点から述べる。まず、授業時数に変化はない。今まで同様に、小学校1年から中学校3年までの義務教育期間を通じて、週に1時間、道徳の授業が置かれている。学習指導要領の内容項目にもさほど大きな変化はない。また、中学校でも道徳科の教員免許は設けられていない。入試の合否に道徳の成績は考慮されない。

　一方、教科となって変わった点としてまず挙げられるのは、道徳の検定教科書がつくられ、無償で配布されるようになったことである。以前は、道徳の本は副読本という扱いであった。当然、検定はなく、利用する学校もしない学校も存在した（ちなみに『心のノート』は文部科学省が自ら作成し配布した副読本に相当する）。また、道徳の授業を行い学習指導要領の内容項目を扱うことが強く求められるようになった。これまでも学習指導要領は存在し週1時間の授業があったが、実際にはかなり緩やかに運用されていた。教科化によって、学習指導要領の内容に即した授業を規定時数行うという義務は、格段に強くなった。成績評価がなされるようになったことも大きな違いである（ただし、数値で評価は行わない）。

　なお、指導方法については、考える道徳、議論する道徳を重視するという変化が見られるが、これは、従来の指導方法の修正という部分もあるけれども、新しい学力観による変更という側面もある。

2）「特別の教科　道徳」の内容

　特別の教科である道徳と、学校教育のもとにある価値観との関係について、小学校学習指導要領総則は「道徳教育は、教育基本法及び学校教育法に定められた教育の根本精神に基づき、人間としての生き方を考え、主体的な判断の下に行動し、自立した人間として他者と共によりよく生きるための基盤となる道徳性を養うことを目標とする」と述べている（中学校学習指導要領総則で

もほとんど同じ）。学校教育全体が、教育基本法等に定められている目標の達成をめざしているのだから、道徳も目標を共有するのは当然である。

　その中で、道徳教育固有の目標は、「よりよく生きるための基盤となる道徳性を養う」ことである。これは何をさすのだろうか。「道徳性」について『小学校学習指導要領解説　特別の教科　道徳編』には「人格の完成及び国民の育成の基盤となるもの」「人間としてよりよく生きようとする人格的特性であり道徳的判断力、道徳的心情、道徳的実践意欲及び態度を諸様相とする内面的資質」といった説明があるが、これだけを読んでもわかりにくい。それよりも、学習指導要領に書かれている**内容項目**を見た方が「よりよく生きるための基盤となる道徳性」がどのような内容をさしているのか、わかりやすい。

　特別の教科　道徳の内容項目はシンプルである。他の教科では学年ごとに詳細な内容が示されているのに対して、道徳では、小学校は低学年、中学年、高学年の３つ、中学校は１〜３年生をまとめてひとつにして内容が示されている。つまり、小学校１年から中学校３年までの９学年を４段階にまとめているのである。また、内容も、小学校低学年は 19 項目、中学年 20 項目、高学年 22 項目、中学校 23 項目と、他の教科と比べればとても少ない（参考に、中学校の内容項目のタイトルを表 11-1 に示した）。

　さらに、この４段階の項目の間には、対応関係が明確で類似しているものが多い。ひとつだけ例を挙げる。「家族愛、家庭生活の充実」という項目には、以下の内容が示されている。低学年は「父母、祖父母を敬愛し、進んで家の手伝いなどをして、家族の役に立つこと」、中学年は「父母、祖父母を敬愛し、家族みんなで協力し合って楽しい家庭をつくること」、高学年は「父母、祖父母を敬愛し、家族の幸せを求めて、進んで役に立つことをすること」、そして中学校は「父母、祖父母を敬愛し、家族の一員としての自覚をもって充実した家庭生活を築くこと」となっている。

　発達段階による違いがあるとはいえ、これらはほぼ同じ内容である。このように似ている内容のものをひとつと数えると、道徳で扱う内容項目数は、９学年を通じて二十数項目ということになる。

表 11-1　特別の教科　道徳（中学校）の内容

A　主として自分自身に関すること
自主、自律、自由と責任
節度、節制
向上心、個性の伸長
希望と勇気、克己と強い意志
真理の探究、創造
B　主として人との関わりに関すること
思いやり、感謝
礼儀
友情、信頼
相互理解、寛容
C　主として集団や社会との関わりに関すること
遵法精神、公徳心
公正、公平、社会正義
社会参画、公共の精神
勤労
家族愛、家庭生活の充実
よりよい学校生活、集団生活の充実
郷土の伝統と文化の尊重、郷土を愛する態度
我が国の伝統と文化の尊重、国を愛する態度
国際理解、国際貢献
D　主として生命や自然、崇高なものとの関わりに関すること
生命の尊さ
自然愛護
感動、畏敬の念
よりよく生きる喜び

「よりよく生きるための基盤となる道徳性を養う」とは、これらの内容項目を修得することを意味する。これらが大切であることを、それぞれの発達段階に合わせながら、繰り返し伝え、感じ取らせ、考えさせることにより深め、定着を図っている。

3）内容項目と価値評価的態度

道徳が価値観の教育と深く関わっているのは当然である。学習指導要領の解説では、教育基本法との関係があることは示されているが、内的にどのように教育基本法と道徳がつながっているかについては、それほど明確にはわからない。

しかしながら、内容項目を見ると、それらが明確に価値観と関わっていることが伝わってくる。内容項目の言葉はどれも、喚情的意味の強い語であり、記述的意味が指し示す事物とともに（あるいはそれ以上に）、善いこと、正しいことを表している。これらの内容項目を見ると、私たちは自然と喚情的意味に注目する。例えば「人命」は、単に「人間の命」のことではなく、非常に尊いものである。「思いやり」は単に「人の気持ちを察すること」ではなく、そうすべきことである。これらの内容項目は、私たちのごく自然な思考の中で善いこと、正しいことと結びつき、価値評価的態度と結びつく。それらを教え伝える場合は、当然、それらが善い、正しい、すべきであることだと教えようとするだろう。道徳は、教育基本法から論理的に導かれた内容項目を

教えるというよりも、私たちが当然のように喚情的意味に注目する言葉を示して、価値観を伝える教育を行っているのである。最初に挙げた例でいえば、④、⑤は、内容項目を見たときにわれわれが感じる、当然善い、正しい項目だという感覚と呼応する。

　ちなみに、道徳の授業に対して、徳目主義（具体的な事実を考えるよりも、事実に貼りつけられた、「善い」ことを示す言葉である徳目に注目してしまう授業）という批判がある。徳目主義の授業は、このような、言葉の喚情的意味に焦点をあててしまう傾向から生じるものといえよう。

5　価値観を伝えること

　道徳教育に注目しつつ、学校教育の中で、教師はどのように価値観と向き合い、価値観を伝えたらいいのか（伝えない方がいいのか）という問題について、いくつかの関連する事柄に言及しながら考えてきた。その中で述べてきた論点をまとめておこう。

　まず、教育は何らかの価値観と不可分である。学校教育は教育基本法等に示された価値観を前提にし、その実現をめざしている。教師はその中で職務を果たしている。教師は価値に対して中立的立場にいるのではない。もし、価値の押しつけを懸念し、価値の相対化を図ろうとするのであれば、価値観を語らないでいるのではなく、逆に、学校教育の中に組み込まれている価値観を意識化し自分なりに受け止めようとする姿勢が重要である。教師は、学校教育で実現しようとしている価値と意識的に向き合うことがまず必要である。

　教科としての道徳では、他の教科とは異なり、価値観を伝えることに特別の課題が生じる。道徳で教える内容項目は、どれも、他の教科とは違って、喚情的意味が大きい言葉で示されており、その言葉を用いて話すことがそのまま、価値評価的態度をとることと結びついているからである。これは、価値無関係的な、あるいは価値関係的な態度で授業をすることを重視する他の教科とはまったく異なる、道徳教育の特徴である。

　もっとも、道徳で教える内容項目は、ごく普通に常識的に、善い、正しいとされる事柄である。これらを教える（これらの「喚情的意味」が示す価値観を教

える）のをためらう必要はないだろう。とはいっても、「学習指導要領にある
から教えよう」と考えるのではなく、教師自身が善い、正しいと受け止めた
上で教えるべきである。価値評価的態度は、自分自身の価値観に基づく態度
だからである。学習指導要領の項目について、教師は、自分自身がどう受け
止めているかをしっかりと考えた上で、教えるべきである（最初に挙げた例で
はこれは⑦に関わる）。

　もし、価値項目の中に、自分自身の価値観と折り合いのつけにくい、しっ
くりこない項目があった場合はどうしたらよいだろうか。これは本来は好ま
しくないことかもしれないが、しかし、ありえないことではない。そのよう
なことがあった場合には、その項目を避けるのではなく、自分の「態度」を
変えることが考えられる（価値観を変えるのではない）。すなわち、価値評価的
にしっくりこない場合は、その項目が指し示す事実を価値無関係的に扱った
り、その項目をめぐる意見を価値関係的に示したりすることが考えられる。
ここに求められる事実の検討、事実に関する意見の検討は、道徳教育におい
て常に重要である。

　これらと関わっているのは、**反省**である。反省は、道徳教育にとって重要
である。ただ、道徳教育の中で、反省は、自分の至らなさの悔い改めという
意味合いで捉えられることが多い。それも反省のうちに含まれることではあ
るが、上で述べてきた意味での反省はこれとは異なる。自分の至らなさの自
覚ではなく、自分の価値観を振り返り、検討し直すという意味での反省であ
る。価値が相対的であるべきだという重要な意味はここにある（これは最初の
例の①と深く関わる）。

参 考 文 献
有光興記・藤澤文編著『モラルの心理学』北大路書房、2015 年
佐藤幸司編著『とっておきの道徳授業　小学校編』（全 17 冊）、桃崎剛寿編著『とっ
　　ておきの道徳授業　中学校編』（全 14 冊）、日本標準
文部科学省『小学校学習指導要領（平成 29 年告示）解説　特別の教科　道徳編』
　　2017 年

第12章

多様性を活かす教育―子どもの人権とジェンダー―

　2018 年 5 月、「教える側から変える―『LGBT 学』説くゲイの講師」という新聞記事が掲載された。記事によると、同年 4 月、広島修道大学において、ゲイの当事者で、同大非常勤講師の眞野豊さんが担当する「LGBT 差別と教育をめぐる社会学」という科目が開設された。眞野さんは、「広島県と福岡県の公立中学校で 6 年間、ゲイであることをカミングアウトして教壇に立った。当事者の生徒たちは『あの頃』の自分と同様に、奇異の目で見られ、生きづらさを抱えていた。差別をなくすには、『教員を志す若者に、性の多様性について学んでもらう必要があると痛感した』。…実際に何人が教職を目指すかは分からない。それでも『教える側の意識改革』に踏み出した」（毎日新聞 5 月 13 日）という。

　学校は社会を映す鏡である。社会がそうであるように、学校教育現場でも「男子か女子のどちらか」「異性を好きになるのが当たり前」を前提に教育活動が行われている。児童生徒にも、同性を好きになることや異性の服装をすることは「変なこと」「気持ち悪い」という意識や態度、偏見が育っていることが多い。多様な存在や「ちがい」を尊重できるような教育環境が求められている。

　本章では、これからの教育を構想するために、**多様性**をキーワードに子どもの人権とジェンダーについて考えていく。

1　子どもの人権と人権教育

1）人　　権
　人権とは「人が生まれながらに持っている必要不可欠な様々な権利」であり、「人々が生存と自由を確保し、それぞれの幸福を追求する権利」（人権擁

護推進審議会答申、1999 年）と定義される。また、**人権教育・啓発に関する基本計画**（2002 年）では、人権を「人間の尊厳に基づいて各人が持っている固有の権利であり、社会を構成するすべての人々が個人としての生存と自由を確保し、社会において幸福な生活を営むために欠かすことのできない権利」と説明している。つまり、人権は人間が幸せに生きるための権利で、人種や民族、性別などを超えてすべての人々に共通の、誰にでも認められた基本的な権利である。人権の内容は、生命や身体の自由の保障、法の下の平等、思想や言論の自由、教育を受ける権利などである。

　人権は、西欧社会の近代化の中で培われてきた考え方である。とりわけ、第二次世界大戦後、その反省から人権の重要性が国際的にも高まり、1948 年 12 月 10 日、国際連合において**世界人権宣言**が採択された。この宣言では、すべての人間が人間として尊重され、自由であり、平等であり、差別されてはならないことが定められており、以後、この考え方は国際社会の基本的ルールの大きな柱となっている。

　日本国憲法でも、第 13 条「すべて国民は、個人として尊重される。生命、自由及び幸福追求に対する国民の権利については、公共の福祉に反しない限り、立法その他の国政の上で、最大の尊重を必要とする」とあるように、人権に関して世界人権宣言とほとんど同じ内容を定めている。人権は日常生活の基本的ルールでもある。しかしながら、いまだに実際の生活の場面—家庭・地域、職場・学校など—において、人権の考え方が十分尊重されているとはいえない。世界的に見ても、すべての国と地域で人権が尊重されているわけではない。

2）人 権 教 育

　人権尊重の考え方がなかなか広まらないことを受け、国連では、人権保障の実現のためには人権教育の充実が不可欠であるとし、1995 年から 2004 年までの 10 年間を**人権教育のための国連 10 年**と定めた。この間、各国には「人権という普遍的文化」の構築を目標として、人権に関する教育啓発活動に積極的に取り組むことが求められた。2005 年には、全世界的規模で人権教育の推進を徹底させるための**人権教育のための世界計画**（「世界計画」）が開始さ

れている。日本では「人権教育・啓発に関する基本計画」（2002年）を策定し、人権教育を推進している。

　人権教育は、「人権尊重の精神の涵養を目的とする教育活動」（人権教育及び人権啓発の推進に関する法律第2条）と定義されている。具体的には、「知識の共有、技術の伝達、及び態度の形成を通じ、人権という普遍的文化を構築するために行う」（「世界計画」）ものであり、その構成要素として以下の3点を挙げている。

① 　知識及び技術：人権及び人権保護の仕組みを学び、日常生活で用いる技術を身につけること。

② 　価値、姿勢及び行動：価値を発展させ、人権擁護の姿勢及び行動を強化すること。

③ 　行動：人権を保護し促進する行動をとること。

　これらを受けて、文部科学省では**人権教育の指導方法等の在り方について（第三次とりまとめ）**（2008年、「第三次とりまとめ」）を作成し、学校教育における人権教育の改善・充実を図っている。そこでは、人権教育を通じて育てたい資質・能力として知識的側面、価値的・態度的側面、技能的側面を挙げ、特に、学校教育においては人権尊重の理念、すなわち、「自分の人権のみならず他人の人権についても正しく理解し、その権利の行使に伴う責任を自覚して、人権を相互に尊重し合うこと」が重視されている。図12-1は、学校教育における人権教育の改善・充実の基本的考え方を示したものである。

　また、学校における人権教育の目標は、「一人一人の児童生徒がその発達段階に応じ、人権の意義・内容や重要性について理解し、『自分の大切さとともに他の人の大切さを認めること』ができるようになり、それが様々な場面や状況下での具体的な態度や行動に現れるとともに、人権が尊重される社会づくりに向けた行動につながるようにすること」（「第三次とりまとめ」）である。「自分の大切さとともに他の人の大切さを認めること」ができるためには、人権感覚が必要である。人権感覚とは、「自己や他者を尊重しようとする」感覚や意志であり、児童生徒が一人の人間として大切にされているという実感に基づいて形成される。したがって、学校教育では、このような人権感覚

図 12-1　第三次とりまとめ「参考」

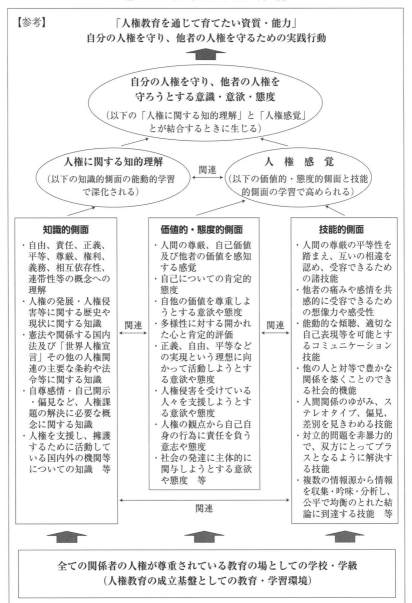

【参考】　「人権教育を通じて育てたい資質・能力」
自分の人権を守り、他者の人権を守るための実践行動

自分の人権を守り、他者の人権を
守ろうとする意識・意欲・態度
（以下の「人権に関する知的理解」と「人権感覚」
とが結合するときに生じる）

人権に関する知的理解
（以下の知識的側面の能動的学習
で深化される）

関連

人権感覚
（以下の価値的・態度的側面と技能
的側面の学習で高められる）

知識的側面
・自由、責任、正義、
平等、尊厳、権利、
義務、相互依存性、
連帯性等の概念への
理解
・人権の発展・人権侵
害等に関する歴史や
現状に関する知識
・憲法や関係する国内
法及び「世界人権宣
言」その他の人権関
連の主要な条約や法
令等に関する知識
・自尊感情・自己開示
・偏見など、人権課
題の解決に必要な概
念に関する知識
・人権を支援し、擁護
するために活動して
いる国内外の機関等
についての知識　等

関連

価値的・態度的側面
・人間の尊厳、自己価値
及び他者の価値を感知
する感覚
・自己についての肯定的
態度
・自他の価値を尊重しよ
うとする意欲や態度
・多様性に対する開かれ
た心と肯定的評価
・正義、自由、平等など
の実現という理想に向
かって活動しようとす
る意欲や態度
・人権侵害を受けている
人々を支援しようとす
る意欲や態度
・人権の観点から自己自
身の行為に責任を負う
意志や態度
・社会の発達に主体的に
関与しようとする意欲
や態度　等

関連

技能的側面
・人間の尊厳の平等性を
踏まえ、互いの相違を
認め、受容できるため
の諸技能
・他者の痛みや感情を共
感的に受容できるため
の想像力や感受性
・能動的な傾聴、適切な
自己表現等を可能とす
るコミュニケーション
技能
・他の人と対等で豊かな
関係を築くことのでき
る社会的機能
・人間関係のゆがみ、ス
テレオタイプ、偏見、
差別を見きわめる技能
・対立的問題を非暴力的
で、双方にとってプラ
スとなるように解決す
る技能
・複数の情報源から情報
を収集・吟味・分析し、
公平で均衡のとれた結
論に到達する技能　等

関連

全ての関係者の人権が尊重されている教育の場としての学校・学級
（人権教育の成立基盤としての教育・学習環境）

出典：文部科学省 HP
　　　https://www.mext.go.jp/b_menu/shingi/chousa/shotou/024/report/08041404.htm

の育成をめざすことが重要となる。

3）子どもの人権

　1989 年 11 月 20 日、子どもの基本的人権を国際的に保障するために定められた「子どもの権利に関する条約」（54 条項、以下、子どもの権利条約）が国連で採択された。5 年後の 1994 年、日本は 158 番目に同条約を批准した。2020 年 8 月には、世界 196 の国と地域がこの条約を締結している。

　ところで、子どもの人権という考え方が生まれたのは、そう古いことではない。1924 年、国際連盟による最初の人権宣言である**子どもの権利に関するジュネーブ宣言**が採択された。この宣言は、第一次世界大戦で多くの子どもが殺されたという反省に基づき、「人類は子どもに対して最善のものを与える義務を負う」と明記した。そこには、子どもを人類の存続をかけた将来の社会の担い手として捉え、国境を越えて子どもの生存と発達の確保がなされなければならないという人々の思いが反映されていた。しかしながら、子どもの権利を人権として把握する発想はまだなかった。

　前述した「世界人権宣言」においても、依然として、子どもを人権の主体とするという考え方は見られなかった。その後、世界人権宣言にジュネーブ宣言の精神を活かすという目的で**子どもの権利宣言**（1959 年、10 条項）が定められた。

　1979 年は国連による**国際児童年**であった。前年、宣言ではなく実効性のある条約にするべきだという機運の高まりから、ポーランド政府が「子どもの権利条約」の草案を提出した。国際児童年は、世界中の人が子どもの権利について考える機会になり、国連人権委員会の中に「子どもの権利条約」策定のための作業部会が設置された。この頃から、子どもをしつけや教えの対象として捉えるのではなく、大人と子どもが共存し、学び合い、成長し合う「人切なパートナー」（対等な関係）として子どもを捉えるという、新しい子ども観が生まれた。

4）子どもの権利条約

　子どもの権利条約の特徴は、以下の 2 点である。

　①　人権の主体として「子ども」を捉えること。すなわち、子どもは、大

　　　人から管理される対象ではなく、独立した人格を持つ権利の主体であり、大人と同じ人間としての価値を持つ存在である。

②　発達する存在として「子ども」を捉えること。すなわち、子どもは、心身の発達過程にあることから保護される存在であり、親や大人により支援と援助が必要な存在である。

　この2つの考え方は、これまでの「まだ子どもだから」という子どもの行動制限から、「独立した権利主体」としての子どもの人権保障への転換を意味しているが、同時に、子どもは発達する存在であるという保護の観点からの人権保障を求めるものでもある。

　子どもの権利条約では、18歳未満のものを子どもと定義しているため、日本の学校制度においては、園児児童生徒すべてが対象となる。また、この条約の趣旨は「子どもにとって最もよいことは何かを考えること」「子どもの最善の利益」を尊重することである。この趣旨に沿って、条約は次の4つのカテゴリーで構成されている。

①　生きる権利。予防できる病気などで、命を失わない（奪われない）という権利や、病気やけがをしたら治療を受けられるという権利。

②　育つ（発達する）権利。教育を受け、休んだり遊んだりできるという権利や、考えや信じることの自由が守られ、自分らしく育つことができるという権利。

③　守られる（保護される）権利。あらゆる種類の虐待や搾取などから守られるという権利や、障害のある子どもや少数民族の子どもなどは特別に守られるという権利。

④　参加する権利。自由に意見を表したり、集まってグループをつくったり、自由な活動を行ったりできるという権利。

　この条約に関わって、「子どもの売買、子ども買春および子どもポルノグラフィーに関する子どもの権利条約の選択議定書」「武力紛争への子どもの関与に関する子どもの権利条約の選択議定書」「通報制度に関する選択議定書」の3つの選択議定書が策定されている。

　さらに、条約締結国の取り組みについて審査する監視機関として、子ども

の権利委員会が国連に設置され、1991 年から活動を開始している。日本政府は、国内の取り組みに関する報告書を子どもの権利委員会に提出し、女子やマイノリティへの差別禁止と人権教育の推進、子どもの意見の尊重、体罰禁止、子どもに対するあらゆる形態の暴力の撤廃等の勧告（第 1 回 1998 年、第 2 回 2004 年、第 3 回 2010 年、第 4 回 2019 年）を受けている。

2　多様性とセクシュアリティ

1）多様性と SDGs

　多様性（ダイバーシティ diversity）とは、人種、宗教、性別、ジェンダー、年齢、障害、価値観など、人間（の世界）には幅広く性質の異なるものが存在することをさす。学校教育では、児童生徒それぞれの違いを尊重し、受け入れていくという意味で**多様性の尊重**として用いられることが多い。具体的には、障害の有無や日本語を母語としない児童生徒などを理解し、配慮・支援していく教育活動などである。

　一方、**SDGs** は、2015 年 9 月、国連サミットで採択された**持続可能な開発目標**（Sustainable Development Goals）であり、持続可能で、多様性と包摂性

図 12-2　SDGs17 の目標図

出典：https://www.unic.or.jp/files/SDG_Guidelines_AUG_2019_Final_ja.pdf

のある社会の実現をめざす国際目標のことである。SDGs は、2001 年に策定
された**ミレニアム開発目標**（MDGs：Millennium Development Goals）の後継とし
て、2030 年を年限に「持続可能な開発のための 2030 アジェンダ」にまとめ
られている。その理念は、地球上の「誰一人取り残さない」（leave no one be-
hind）であり、目標 4 教育「質の高い教育をみんなに」、目標 5 ジェンダー「ジ
ェンダー平等を実現しよう」、目標 10 不平等「人や国の不平等をなくそう」
など 17 の目標（図 12-2）、169 のターゲットから構成されている。

　日本の学校教育においても、新学習指導要領（2020 年度完全実施）の前文と
総則に「持続可能な社会の創り手」の育成が明記され、文部科学省国際統括
官付日本ユネスコ国内委員会からは**『ESD (Education for Sustainable De-
velopment：持続可能な開発のための教育) 推進の手引』**（2018 年改訂）が刊行され
ている。ESD は、SDGs の目標 4 教育「すべての人々に包摂的かつ公平で質
の高い教育を提供し、生涯学習の機会を促進する」に位置づけられる。なお、
文部科学省では、教師教育の推進やカリキュラム等開発・実践などを補助対
象として、SDGs 達成の担い手育成（ESD）推進事業を展開している。

　SDGs がめざす持続可能な社会のキーワードは、多様性と**包摂性**である。
包摂性＝「誰一人取り残さない」には、国際社会における普遍的価値として
の人権の尊重、ジェンダー平等の実現、SDGs すべてのゴールの実現に分野
横断的な価値としてジェンダーの視点を反映することが必要である。したが
って、ESD の実現をめざすことが求められる学校教育においても、多様性
と包摂性を活かすことが重要となる。

2）セクシュアリティ

　セクシュアリティ（sexuality）は、人間の性に関わる現象の総体（性行動に
おける心理と欲望、観念と意識、性的指向、慣習と規範など）をさす。ユネスコ編『国
際セクシュアリティ教育ガイダンス』（2017 年）では、セクシュアリティにつ
いて次のように述べられている。

　　① セクシュアリティは、人間の生涯にわたる基本的な要素であり、それ
　　　は、身体的、心理的、精神的、社会的、経済的、政治的、文化的な側面
　　　を持つ。

②　セクシュアリティは、ジェンダーとの関連なしには理解することができない。

③　多様性は、セクシュアリティの基本である。

　また、**性の権利宣言**（世界性科学学会 1999 年）によれば、「セクシュアリティとは、人間ひとりひとりの人格に不可欠な要素である。セクシュアリティが充分に発達するためには、触れ合うことへの欲求、親密さ、情緒的表現、喜び、優しさ、愛など、人間にとって基本的なニーズが満たされる必要がある。セクシュアリティとは、個人と社会構造の相互作用を通して築かれる。セクシュアリティの完全なる発達は、個人の対人間関係の、その社会生活上の幸福に必要不可欠なものである」（傍点は引用者）。傍点部は、人間が社会の中で、いろいろな人とつながりながら生きていることを示している。セクシュアリティが、他者との関わりの中で築かれていくとすれば、子どものセクシュアリティ形成過程において、教育の果たす役割は大きいといえよう。

3）性の多様性

　次に、**性の多様性**について整理しておこう。国際的に、人間の「性」は**性的指向**（Sexual Orientation：SO と略記）と**性自認**（Gender Identity：GI と略記）の両方の視点を組み合わせた **SOGI** という枠組みで捉えられている。例えば、国連人権理事会が「性的指向と性自認を理由とする暴力と差別からの保護」(2016) に関する決議を可決するなどである。

　SO は愛情・恋愛感情や性的欲望の対象がどの性別に向いているかということであり、①異性に向いている**ヘテロセクシュアル**（Heterosexual：異性愛）、②同性に向いている**ホモセクシュアル**（Homosexual：同性愛）、③同性にも異性にも向いている／性別にこだわらない**バイセクシュアル**（Bisexual：両性愛）、④性愛の対象を持たない／性的欲求そのものがない**アセクシュアル**（Asexual）などとなる。SO は自分の意思で変えられるものではない。WHO は、ヘテロセクシュアル以外の SO を疾患に含めていないので、病気ではなく、治療の必要もない。

　一方、GI は心の性といわれ、「私は女／男である／ない」というように内面的・個人的な性への認識であり、①生まれながらの身体の性別／法律上の

性別とは異なる性別を自認している**トランスジェンダー**（transgender）、②身体的／法律上の性別と性自認が一致している**シスジェンダー**（cisgender）、③特定の枠に属さない／典型的な男性／女性ではないと認識している**クエスチョニング**（questioning）という人々が存在する。このように、SOGIの枠組みから人の性を捉えると、人の性のあり方は様々であることがわかる。なお、個人の性は、その人自身の性自認によって決まる。

　また、SOGIとは別に、出生時に決められ、戸籍等に記載された法律上の性別がある。法律上の性別は、一定の手続きを経なければ容易に変更できない。

４）基本的人権としてのSOGI

　近年、学校教育現場では、**LGBT**（Lesbian, Gay, Bisexual, Transgender）と総称される児童生徒への対応が課題となっている。「LGBT調査2018」（電通ダイバーシティ・ラボ）によれば、LGBTを含む性的少数者＝セクシュアル・マイノリティ（Sexual Minority：SMと略記）は8.9％であり、11人に1人の割合で存在している。つまり、一クラス30〜35人の児童生徒の中に、SMは2〜3人いることになる。SMであることは、本人の心構えや保護者の育て方で変えられるものではないが、学校教育の場では、誤った知識・情報に基づく差別や偏見がなかなか是正されない。そのため、SMの児童生徒は「ホモ」「オカマ」「レズ」などの言葉による暴力・いじめの対象になることが多く、不登校や自傷行為、自殺願望の高さなどが深刻な問題となっている。

　このようなSMの児童生徒に対する人権侵害に対して、文部科学省では、全国の学校に**性同一性障害に係る児童生徒に対するきめ細かな対応の実施等について**（2015年）を通知し、翌年には、教職員向けに対応のためのリーフレット**性同一性障害や性的指向・性自認に係る、児童生徒に対するきめ細かな対応等の実施について**（2016年）を発行するなどの対策を行っている。SMへの偏見や差別をなくすことは、基本的人権の保障をめざす人権教育の課題でもある。

　このような課題を解決するために、SOGIという考え方は有効である。SOGIは人の性の構成要素、属性や特徴を表す概念であるから、すべての人に適用することができる。これは、「LGBTという人々の問題」から「すべての人々

の SOGI に関わる問題」へという視点への転換を意味している。SOGI はすべての人が持っているものであるから、「人」を LGBT である人と LGBT でない人とに分けることで生じる不均衡—どちらか一方が優位または劣位に置かれたり、一方に利益または不利益が生じたり—を防ぐことができる。つまり、「LGBT 差別をやめましょう」から、「SOGI にかかわらず、すべての人々は平等であり、差別されません」という考え方に転換できるのが SOGI なのである。したがって、人権と人権教育との関わりから、SOGI という考え方は、学校教育に多様性（性の多様性）を活かす際に重要な視点となる。

3　ジェンダーと教育

1）ジェンダー

　SOGI に対して、**ジェンダー**（gender）は「社会的・文化的につくられる性別」のことである。現在、ジェンダーは**生物学的性別**（sex）、性自認、**社会的な性役割**（gender role）・**性表現**（gender expression）に加え、セクシュアリティを含む幅広い概念と考えられている。

　例えば、「男性は仕事、女性は家庭」という性別役割分担意識は、ジェンダーに基づくものである。一般に、生物学的性別は、「身長は男子が高く、女子は低い」「子どもを産むのは男ではなく、女である」というように、性別による差異を示す場合に用いられる。ジェンダーは、「男子はズボン、女子はスカート」「男は泣かない」「女子は足を広げて座らない」などの性別に基づいた外見や言動、「力仕事は男子、細かな仕事は女子」「応援団長は男子、救護係は女子」などの性別役割分担に見られるような、性別を根拠として社会が個人に期待する行動パターンや、「〜すべき／〜すべきでない」という規範として示される。

　ジェンダーは、誕生直後から家庭、学校、地域社会などを通して個人の中に形成される。その意味で、学校教育はジェンダーを再生産する場である。学校慣習や教員の無意識・無意図的言動—男女別男子優先名簿や女子のスカート制服、理系男子・文系女子という進路指導など—を通して、ジェンダーは児童生徒の人間形成に大きく影響する。

　ジェンダーが進路選択に関わる例を見てみよう。2019年度、4年制大学への進学率は男子56.6％、女子50.7％で、男子が5.9％ポイント高くなっている。さらに、女子は教育、看護、男子は工学・理学というように専攻分野にも男女差が見られる（内閣府『男女共同参画白書令和2年版』2020年）。この現象は**ジェンダー・トラック**といわれ、女子の進路選択には社会的な性役割観、すなわち、ジェンダー要因が男子に比べ大きく作用するため、自身の客観的な学力水準に基づいた進路選択がなされない。その結果、制度上は男女の区別なく進路選択が可能であるにもかかわらず、男女間での差が生じるのである。

2）「隠れたカリキュラム」とジェンダーの視点から見た学校教育現場

　隠れたカリキュラムとは、「チャイムが鳴ったら着席する」「授業中は静かに先生の話を聞く」など、児童生徒が学校や学級生活に適応する過程で、結果的に体得している価値、態度および社会規範などの主として行動様式に関する知識と技能のことである。教科や学校行事など、時間割に掲示されている目に見えるカリキュラムに対して、目に見えない（隠れている）カリキュラムとして、学校での児童生徒の生活や学習活動に大きく作用する。

　ジェンダーに関わる隠れたカリキュラムの例を挙げてみよう。例えば、進路指導において、男子生徒が保育士や看護師などの女性職（女性に適したと思われている、あるいは女性が多い職業）を希望した場合、教員が「男子なのに大丈夫か？」と思わず発言してしまうことがある。保育士や看護師には資格が必要であり、資格取得は性別にかかわらず可能であるから、条件さえ満たせば男性も保育士や看護師になれる。にもかかわらず、前述のような発言をしてしまうのは、教員に、「保育士や看護師は女性の仕事、女性に適している」というジェンダーに関わる無意識のバイアスが存在するからである。

　では、児童生徒が日常的に接する教員社会はどうだろう。学校教育の場は、男女平等が最も進んだ領域といわれるが、実際には、教員の世界で**ジェンダー平等**が実現されているとはいえない。例えば、学校の中で女性教員の割合は幼稚園93.4％、小学校62.2％、中学校43.5％、高等学校32.3％であるが、女性管理職（校長、副校長、教頭）の割合は、幼稚園が88.0％であるのに対して、小学校24.1％、中学校10.7％、高等学校9.2％であり、全体でも29.0％にと

どまっている（文部科学省「学校基本調査―令和元年度結果の概要―」2019年）。

　また、教員の育児休業取得率は女性教員96.9％、男性教員2.8％（文部科学省「平成30年度公立学校教職員の人事行政状況調査」2020年）であり、これは、男性の育児休暇取得率7.48％（厚生労働省「令和元年度雇用均等基本調査」2020年）よりも低い。学校教育現場には、男性教員は職場（仕事）中心、女性教員は家庭（子育て・介護）中心という固定的な性別役割分担意識が根強く存在する。

　みなさんにも、「校長先生は男性」「育児休暇で休む先生は女性」という意識があるかもしれない。それは、女性校長や育児休暇で休む男性の教員が少なく、目につかないからといえよう。管理職になることも育児休暇の取得も、性別にかかわらず、定められた条件をクリアすれば可能になるような学校が必要であろう。

3）性別特性教育論からジェンダー平等教育へ

　性別特性教育論とは、「男性と女性の性別は異なっており、それぞれ特性を持っている」のだから、「男女の性別の特性を活かした／踏まえた」教育をすべきであるという教育論のことである。この教育論は、第二次大戦後男女共学となった学校教育においても継続され、学校で学ぶ知識の量や内容は男女で異なっていた。

　例えば、高等学校で男女がともに家庭科を学習することになったのは、1994年以降である。それまで、家庭科は女子のみ必修で、男子は家庭科の代わりに体育（剣道や柔道）を学習していた（高等学校学習指導要領、1960年）。また、1969年の中学校学習指導要領を見てみると、技術・家庭の学習内容は「男子向き」「女子向き」と分かれており、男子は製図・木材加工・金属加工・機械・電気・栽培を、女子は食物・被服・家庭機械・家庭電気・保育を学んでいた。

　一方、**ジェンダー平等教育**は、SDGsの目標5「すべての国において、子どもが男女の区別なく良質な教育を受けられる環境を作る」や目標10「性別をはじめ、年齢、障害、人種などに関わりなく、すべての人が活躍できる社会へ」の達成をめざす教育である。すなわち、ジェンダー平等教育は、性別にかかわらず、一人ひとりの児童生徒がその個性と能力を十分に発揮し、

自分らしく生きていけることをめざす教育といえよう。

　例えば、「国立市女性と男性及び多様な性の平等参画を推進する条例」（2018年）では、多様な性についての考え方が子どもの頃から周囲の影響を大きく受けることを踏まえ、「生涯を通じて、女性と男性及び多様な性の平等について学ぶ機会が得られるように」することを教育関係者の責務としている。

　2019年1月30日、朝日新聞に次のような記事が掲載された。

　　　東京都世田谷区と中野区が今春から、全区立中学校で女子生徒もスラックスの制服（標準服）を選べるようにする。子どもの希望を尊重するため、同様の措置を個別に採り入れた学校は増えているが、大手制服メーカーによると、自治体全体で採用する例は少ないという。

　　　世田谷区教育委員会によると、女子の制服をスカートとする学校と、スラックスも選べる学校の両方があった。今春からは区全体でこれを変え、制服のカタログにも「男子用」「女子用」と明記しないようにする。昨年、区議会で見直しを求める意見があり、区教委が検討。動きやすさからスラックスを好む女子生徒や性的少数者への配慮から区全体での取り組みを決めた。準備ができた学校から順次導入するという。

　　　中野区では、運動好きな小学6年の女子児童が「ズボンをはいて中学に通いたい」と区長に要望。それを契機に区教委が検討し、すでに採り入れている5校以外でも今春から順次、女子にもスラックスを導入することにした。

　教育に携わるみなさんには、多様性と包摂性に基づいて、学校教育における基本的人権、とりわけ子どもの人権の尊重、ジェンダーの平等の達成という視点で、これからの教育を構想してほしい。

参 考 文 献
遠藤まめた『ひとりひとりの「性」を大切にする社会へ』新日本出版社、2020年
木村草太編『子どもの人権をまもるために』晶文社、2018年
ユネスコ編、浅井春夫ら訳『国際セクシュアリティ教育ガイダンス【改訂版】―科学的根拠に基づいたアプローチ―』明石書店、2020年

教育を支える制度基盤

第13章

1　教育の制度

1）近代公教育の制度

　この本を手にしている諸君のほとんどは、小学校や中学校あるいは義務教育学校を経て、高校や中等教育学校へと進学したに違いない。そして自ら高等教育機関（大学、短大、高等専門学校、専門士の学位のとれる専修学校など）への進路を希望し、そして今、教師になるため努力していることだろう。その諸君の希望を叶えるのは、君たち自身の努力はもちろんのことだが、その背景には「教員養成制度」が整えられており、よりよい教師を育成しようとする「制度」があるからにほかならない。この制度に則って教員免許状を取得することになる。この「教員養成制度」のほかにも教育に関する制度は様々に設けられている。「義務教育制度」は教育の機会均等を保障する重要な制度である。また幼児教育から高等教育まで途切れることなく学べるのは「学校制度」が整えられているからだ。

　教育に関する制度はきわめて広範囲の領域から構成されている。上記に挙げた制度は学校教育に関するものであるが、それ以外にも生涯学習に関する制度や教育行財政に関する制度もある。

　これらの制度を築いていく上で、最も基本となる考え方が、すべての国民の教育を受ける権利を保障するものでなければならないということだ。これが近代公教育の基本的な理念である。

2）教育を受ける権利

　教育を受ける権利が保障されるのは、一部の人だけではなく、すべての人が教育を受けられることが近代社会の発展には必要不可欠だと考えられたか

らである。この権利を保障するためには、教育の**義務制**、**無償制**、**中立性**が原則となった。義務制とは、子どもたちを家庭での私教育や就労から切り離し、公教育機関（学校）に通わせることをさす。教育機関には学校施設と指導する教師が必要となる。こうした施設や教師を整えるのが国や地方公共団体の役割となった。

　無償制は、すべての子どもが、経済的な理由によって就学を妨げられることのないよう、教育を受けるために必要な経費を国や地方公共団体の公費で賄うというものだ。無償の範囲は現在の日本においては授業料と教科書のみであるが、教育を受ける権利を保障するという観点でいえば、その範囲のさらなる拡大を検討する余地はあろう。

　中立性とは、教育の内容について、特定の価値観や強制を排除するというものであるが、主として宗教的価値観と政治的価値観の中立性をさしている。教育は個人の自由と自主性の中で行われるものであり、教育の内容に対して、公権力の介入は排除されなければならない。

　こうした原則に基づいて公教育制度を整え、維持管理することが教育行政である。

2　教育行政とは

1）教育基本法と教育行政—旧教育基本法第10条の意義—

　戦後に制定された教育基本法（旧法）の第10条に、「教育行政」が示されている。その第1項で「教育は、不当な支配に服することなく、国民全体に対して直接に責任を負って行われるべきものである」とし、さらに第2項で「教育行政はこの自覚のもとに、教育の目的を遂行するに必要な諸条件の整備確立を目標として行われなければならない」と、教育行政の立場を明確にした。まずは「不当な支配」という言葉に注目してほしい。これは、戦時中に教育が不当に支配されていたという事実の反省が反映されている。戦前は、天皇制国家における公教育制度を確立することがめざされていたが、戦争が激化すると、思想統制のため軍部が教育に介入していった。そのため子どもたちが自由に学ぶ権利、つまり教育権が侵害された状態になってしまった。

この反省のもと、戦後は時の権力者によって教育権が侵害されることのないよう、「教育の自主性」を確保する制度構築が図られ、それを遂行することが教育行政の重要な任務となった。なお、2006 年に改正された教育基本法においても第 16 条で「教育行政」を定め、「教育は、不当な支配に服することなく、この法律及び他の法律の定めるところにより行われるべきものであり、…」と示され、不当な支配に服さないことが引き続き明示されている。「教育の自主性」の確保が教育行政にとって重要な使命であることが理解できるだろう。

2）「教育の自主性」を確保するために

「教育の自主性」を確保することが最重要課題となった戦後、教育行政改革においては次の 3 つの原則が設けられた。

① 教育行政の**地方分権**。
② 教育行政の**民衆統制**（レイマン・コントロール）。
③ 教育行政の**一般行政からの独立**。

まず①の「地方分権」であるが、戦前、国の事業として行われていた教育を、地方公共団体に任せ、地域住民の意思に基づいて処理していくという原則である。その際、国の関与は一切排除するとされている。次に②「民衆統制」は、教育行政に地域住民の民意を反映させることである。そして③「一般行政からの独立」は、地方自治の長である首長（知事や市長・町長・村長）部局とは独立した機関において教育行政を行うことである。そして、この三原則を具体的に実行するための組織こそが、教育委員会というわけである。

3）戦後教育行政改革と教育委員会

では、この三原則と教育委員会の関係を見ていこう。教育行政を担う機関として、教育委員会のほかに文部科学省がある。「地方分権」の原則からすると、文部科学省と各自治体の教育委員会は上意下達の関係ではなく、あくまで対等であるというものである。同様に、都道府県教育委員会と市町村教育委員会も対等の関係であることが原則である。

次に「民衆統制」であるが、教育委員を担うメンバーは、教育のプロフェッショナルな人材ではなく、その地域をよく知る者や地域の代表者など、い

わゆる教育の素人（レイマン）によって構成されている。これは地域の実情を教育に反映させること、素人がコントロールすることで閉鎖的な教育環境をつくらないことを目的としている。その一方で、教育行政のプロフェッショナルとして教育長がいる。つまり、教育委員会は、プロフェッショナル・リーダーとレイマン・コントロールによって運営されることが原則となっている。

　最後に「一般行政からの独立」であるが、これは教育の政治的中立を担保するために設けられている。一般行政の首長は選挙により選ばれた為政者であるため、教育の政治的中立を保持するためには、一般行政から独立した機関でなければならない。また首長には4年という任期があり、そのたびに選挙が行われる。仮に首長に教育行政への関与を認めると、選挙で首長が変わるたびに教育も変更せざるをえない状況も起こりうる。そう頻繁に教育の内容が変えられては、学校現場は困惑するだろうし、児童生徒への影響も計り知れない。そのため教育行政は首長部局に置かず、独立機関として設けられているのである。

　以上のように、戦後教育行政改革の担い手となった教育委員会であるが、もちろん成立以降これまで多くの課題が指摘され、幾度となく制度改編がなされてきた。直近では2011年に起きた「大津市いじめ自殺事件」をきっかけに教育委員会改革の議論が再燃し、2015年4月から新制度がスタートした。

3　教育委員会制度

1）教育委員会制度の体制

　よくメディアなどで取り上げられる場合の「教育委員会」という言葉は、広義の教員委員会をさしていることが多い。本来的な狭義の教育委員会は、議会の合意を得て首長が任命した4名の委員に教育長を加えた組織のことをさしている。広義の教育委員会とは、この5名で構成されている教育委員会のもとにある「教育委員会事務局」を含めたものである。狭義の教育委員会で審議決定された教育行政の内容を、具体的に事務執行するのが教育委員会事務局という構成になっている。ここで扱う教育委員会とは、狭義の教育委

員会であると確認しておきたい。

　さて、戦後から続く教育委員会制度がどのように変遷してきたかを述べる前に、現行の体制と直前の旧体制との違いについて述べておきたい。まず、旧体制であるが、教育委員の定数は原則 5 人で、都道府県や政令指定都市など大規模自治体は条例で定めることで 6 人とすることができ、また町や村の小規模自治体においては 3 人にすることができた。教育委員は首長が議会の同意を得て、それぞれの委員を任命しており、任期は 4 年である（再任可）。任命された委員は、その 5 人の中から教育委員長（任期 1 年）を互選し、教育委員長は教育委員会の代表者として会議を主宰することとなっていた。教育長は、教育委員長以外の委員から教育委員会が任命する。教育委員会は定例会議が月に 1～2 回行われ、そこで教育行政に関する基本事項が決定され、教育長はそれを具体的に事務執行するため指揮監督をする。教育長は常勤であるのに対し、それ以外の教育委員は非常勤である。

　さて、この体制の課題は、第一に責任者が明確ではないことが挙げられた。2011 年に起きた「大津市いじめ自殺事件」では、生徒がいじめを苦に自殺するという重大な事案が発生したにもかかわらず、学校長や教育委員会の対応が不適切だとの批判が起こり、教育の責任の所在が明確ではないことが指摘された。第二に、教育長以外の委員が非常勤であるため、このようないじめ等の重大な問題が発生した際に迅速に対応できないという課題もあった。第三に、教育委員が名誉職のように扱われ、実際には地域住民の民意が具体的に教育に反映されていないなど、いわゆる形骸化した状態にあるとの批判もされていた。これらの課題を解消するため、「地方教育行政の組織及び運営に関する法律の一部を改正する法律」（2014 年）が公布され、2015 年 4 月から施行されることになった。

　これらの課題から、改編された現行の教育委員会では、まずは教育行政の責任者を明確にするため、教育委員長と教育長を統合した新「教育長」を設けた。新教育長はこれまでも行っていた事務局の指揮監督に加え、教育委員長が行ってきた会議の主宰も担うことになった。これによって常勤である教育長が第一義的な責任者となり、教育に関する重大な問題に関しても迅速に

図 13-1　現行の教育委員会制度

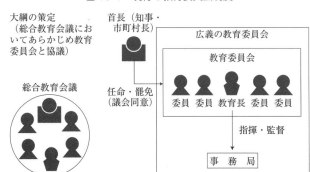

出典：筆者作成

対応することが期待されることとなった。

　また、民意が反映されていないという指摘については、地域の民意の代表者である首長が新体制では大きく関わることで解決を図った。まず教育長の任免権を首長にしたことである。それまでは教育委員会の互選によって教育長を任命すると法的には示されていたが、実は当時から首長は教育長となることを前提に教育委員として任命していた。この現実に法律を合わせ、より首長の意見が教育に反映されていることを示した。さらに首長が招集する**総合教育会議**を新たに設置し、この会議において首長と教育委員会が教育に関する協議・調整を行い、教育行政に関する**大綱**を首長が策定することになった（図 13-1）。

　以上が大きな変更点であるが、しかしこれは民意を反映させることを重視した結果、首長の関与を強めるものとなった。首長がこれまで以上に教育行政に関与することで、いかに教育の政治的中立を確保するか、という点が現行体制での課題となっている。

２）「教育委員会法」の成立と廃止、「地方教育行政法」へ

　さて、上記において直近の制度改革について述べたが、教育委員会制度の改革は、戦後からこれまでも幾度かなされている。その変遷について述べておきたい。

　戦後の教育行政改革の中で発足した教育委員会制度は、アメリカの教育委

員会（school board, board of education）を参考にしてつくられた「教育委員会法」（1948～1956 年）に基づいている。発足当時、教育委員は実は住民による直接公選、つまり選挙によって選ばれていた。しかし、1950 年代前後にいわゆる「逆コース」（戦後に進めていた民主化や非軍事化から逆行するような社会的な動き）が始まり、教育行政も国による中央集権的な性格を強め、これによって「地方分権」の原則が弱まっていった。教育委員会の権限と役割は縮小され、教育委員会の機能が低下してしまった。さらには、文部省（当時）と教育委員会は対等の関係であったはずが、「国−都道府県−市町村」という縦の統制ラインが出来上がってしまい、そのため地方の教育委員会はますます弱体化し、戦後の教育行政改革の意義が問われるようになった。

　1956 年、政府は「教育委員会法」を廃止し、新たに**地方教育行政の組織及び運営に関する法律（地方教育行政法）**を成立させた。この内容こそが戦後地方教育行政改革の三原則を大きく覆す内容であった。まず、教育委員の公選制を廃止し、教育委員は首長が議会の同意を得て任命することとなった。さらに、都道府県の教育長任命には文部大臣による事前承認が必要となり、市町村教育長任命については都道府県教育委員会による事前承認が導入された。これによって文部省と教育委員会は対等という原則は崩れ、文部省、次いで都道府県教委が行政上の上級機関であるかのような関係となった。そして、教育委員会の独立性を崩すものとして、条例案および予算に関する権利が廃止され、予算も首長の同意を得なければ執行できなくなった。

　その後しばらくこの体制で大きな変更なく続くのだが、2000 年に施行された「地方分権一括法」により、地方教育行政も再度地方分権に向けて方針を大きく変更させた。まず教育長の承認制を廃止し、教育委員の中から互選とした。そして「国−都道府県−市町村」の縦の統制ラインを解消し、市町村教育委員会が主体性を持って政策決定していくことが求められるようになった。さらに、2006 年の教育基本法改正を受け 2007 年に地方教育行政法の一部が改正されたことにより、教育委員会の責任体制の明確化や教育委員の数の弾力化、保護者専任の義務化（実際に家庭で子どもを養育している保護者の声を教育行政に反映させるという趣旨）などが新たに加えられた。

これら数度の改編を経て、2015 年から現行の教育委員会体制となっている。

4　教育財政

　さて、ここからは教育にまつわるお金の話をしていきたい。冒頭でも述べたが、公教育制度を維持していくためには義務制と無償制は欠かせない。この制度を維持していくためには、膨大な資金が投じられ、費やされている。

　義務教育機関の公立学校については授業料と教科書は無償であるが、教育にかかるお金は、授業料や教科書代だけとは限らない。授業を受けるためにはノートや筆記用具が必要であり、制服のある学校もあろう。給食費もあれば、修学旅行にかかる費用もある。これらはすべて家庭による負担、つまり**私費負担**ということになる。一方、公立学校の教員の給与は地方公共団体が支払い（一部国が支払う）、義務教育段階の教科書代を教科書出版会社に支払っているのは国である。これらを**公費負担**という。

　ここでは大きく、行政が負担するお金の「公費負担」と、家庭が負担するお金の「私費負担」から見ていきたいと思う。

1）公費負担

　(1)　義務教育費国庫負担　　行政が負担するお金を述べる場合、国、都道府県、市町村のどこが出すかということを考えなければならない。しかし、これがなかなか複雑である。日本において学校の設置者として認められているのは、国と地方公共団体と学校法人で（学校教育法第 2 条）、設置者はその学校の経費を負担することが決められている（同法第 5 条）。ところが、義務教育段階の学校の多くは市町村により設置されているものの、市町村が学校建設費や教員給与のすべてを負担することは非常に難しい。よほど財源が潤沢である市町村でなければ不可能である。そのためより多くの財源が確保されている国や都道府県から支出してもらうわけである。

　国が地方に支出するものとして義務教育費国庫負担金がある。公立の小学校・中学校（義務教育学校、中等教育学校の前期、特別支援学校の小学部・中学部を含む）の教員給与の 3 分の 1（**義務教育費国庫負担法**）、学校を建設する場合は 2 分の 1（**義務教育諸学校等の施設費の国庫負担等に関する法律**）を負担し、教科書は、

教育委員会が選定した教科書を国が購入し、無償で給付している（**義務教育諸学校の教科用図書の無償措置に関する法律**）。なお、高校はこれには該当しないため、教科書は私費負担となる。

（2）**県費負担教職員**　公費負担の複雑さのひとつに**県費負担教職員**がある。これは市町村立学校に勤務しているにもかかわらず、その給与は都道府県から支払われるということである（**市町村立学校職員給与負担法**）。一般的に市町村の地方公務員はその所属する市町村から給与を得るわけだが、教育公務員はそうはなっていない。「県費負担教職員」は、市町村立学校に勤務しているが、その任命権は都道府県教育委員会に属し（地方教育行政法第37条）、市町村教育委員会は「県費負担教職員」の服務を監督する立場となる（同法第43条）。

なお、2016年度に実施（2018年発表）された学校教員統計調査によると、教員の平均給与月額は幼稚園22万2500円（平均年齢41.0歳）、小学校33万6200円（同43.4歳）、中学校34万6000円（同43.9歳）、高校36万2900円（同46.0歳）であった。

（3）**私学助成**　さて、国から補助金を得ているのは公立学校だけではない。私立学校にも国や地方公共団体からの補助金がある。私立大学や高等専門学校には国から**私学助成金**があり、私立の小学校・中学校・高校にも都道府県から補助がある場合、国からもその一部が補塡される（**私立学校振興助成法**）。とはいうものの、私立学校においては私費負担に頼るところが大きいのが現実である。ただ、私立学校は「建学の精神」をもとに、国や教育委員会からの厳しい束縛がなく、自由に教育できることが魅力であり、またこれまで私立学校が教育全体に与えてきた役割を考えてみてもその存在意義は大きい。多くの私費負担に頼ることなく、恒常的に安定した学校経営ができるような対策を講じる必要がある。

２）私費負担

次に私費負担についてであるが、これは前項の公費負担に対し、家庭や教育を受ける本人が負担しているお金のことである。

まずは保護者が子どもに対してどの程度教育費を負担しているのかについ

て、文部科学省が2年ごとに調査している「子供の学習費調査」の2018年度調査から見てみよう。幼稚園3歳から高等学校第3学年までの15年間を、すべて私立に通った場合の家庭の支出は約1830万円である一方、すべて公立に通った場合は約541万円と、その差は3倍以上である。

　さらに「教育費」をより詳しく見ていくと、これに該当する支出は学校教育に関わる費用だけではなく「学校外活動費」も含まれていることがわかる。具体的には学習机や参考書の購入、学習塾や家庭教師に係る経費（補助学習費）、おけいこごとへ通ったりスポーツ・文化活動に要した経費（その他の学校外活動費）である。世帯年収ごとに「学校外活動費」の状況を見ると、公立、私立ともに、世帯年収が増えれば、この費用も増える傾向にあることがわかる（表13-1、13-2）。

　つまり、家庭の収入が多ければ多いほど、子どもにかける教育費も多くなるのであるが、それは学校教育に直接関係する費用が多くなるというよりも、

表13-1　世帯年収別学校外活動費（小学校）

世帯年収	公立小学校	私立小学校
400万円未満	12万8000円	41万1000円
400万円～599万円	15万3000円	39万9000円
600万円～799万円	20万1000円	47万1000円
800万円～999万円	26万8000円	53万1000円
1000万円～1199万円	35万2000円	59万3000円
1200万円以上	43万3000円	79万円

出典：文部科学省「平成30年度　子供の学習費調査」

表13-2　世帯年収別学校外活動費（中学校）

世帯年収	公立中学校	私立中学校
400万円未満	20万7000円	14万2000円
400万円～599万円	25万8000円	28万4000円
600万円～799万円	29万1000円	26万1000円
800万円～999万円	36万7000円	31万8000円
1000万円～1199万円	43万円	31万3000円
1200万円以上	50万6000円	41万4000円

出典：文部科学省「平成30年度　子供の学習費調査」

それ以外の塾や家庭教師にかける費用が多くなっていることを示している。ここに、経済格差が教育格差を生じさせるひとつの要因がある。高所得者世帯の子どもは、学校以外においてより多くの教育の機会が提供されているのに対し、低所得者世帯に生まれた子どもは、学校教育以外の教育の場が与えられることが少ないというのが現状である。

　さらに学校教育の中においても、義務教育段階の授業費と教科書以外は無償とはなっていないため、それ以外の給食費や修学旅行費、また高校進学に係る費用などは別途必要になるのであるが、それを支出することが困難な家庭もある。そのような状況に陥っている児童生徒のためとられている支援が**就学支援**である。学校教育法第 19 条で「経済的理由によつて、就学困難と認められる学齢児童又は学齢生徒の保護者に対しては、市町村は、必要な援助を与えなければならない」と定めており、各地方自治体は就学支援の制度を設け、低所得者世帯の子どもたちも安心して学校教育が受けられるような措置をとっている。就学支援の対象者は、生活保護を必要とする状況にある「要保護者」(生活保護法第 6 条第 2 項) と、各市町村教育委員会が「要保護者」に準ずる程度に困窮していると判断した「準要保護者」である。就学支援の内容は、学用品費、修学旅行費、PTA 会費、学校給食費等、学校教育において必要な諸経費が補助されるというものである。

　また、高校への就学支援には**高等学校等就学支援金制度**がある。2010 年度に公立高等学校無償化制度が始まり、2014 年にこれを国立・私立高校へも拡大 (所得制限あり)、2020 年からは私立高校に通う生徒への支援がさらに拡充された。

　大学についても 2020 年から**高等教育の修学支援新制度**が始まり、住民税非課税世帯とそれに準ずる世帯の学生に対し、授業料・入学金の免除または減額、給付型奨学金の大幅拡充の支援が始まった。

　このような行政による就学支援のほかに、民間や公共団体が行っている奨学金制度がある。奨学金には貸与型と給付型があり、貸与型は返還の義務があるのに対し、給付型は返還の必要がない。しかし、近年の経済的状況で奨学金を希望する生徒や学生が増える一方で、給付型の奨学金は十分に整って

いるとはいえず、貸与型の奨学金に頼る生徒や学生が多いのが現状だ。しかも卒業後すぐに返還が始まるため、仮に就職活動で失敗してアルバイトや非正規社員で生計を立てるとなると、奨学金返還が家計に重くのしかかり、返還を滞納してしまう者も出てくる。日本学生支援機構によると、2016年度末で3か月以上の延滞している者は15万7000人（3.7%）となっている。

　さらに、2020年からは、新型コロナウィルス感染症拡大に起因した経済状況の変化により、困窮した児童生徒や学生への支援が急務となっている。

5　変わりゆく教育制度

　以上、教育行財政について基礎的な考え方を最近の制度変更を踏まえて述べてきた。最後に今後変わっていくことが想定されている教育制度についていくつか紹介しておきたい。

　まずは、2019年1月の中教審答申「新しい時代の教育に向けた持続可能な学校指導・運営体制の構築のための学校における働き方改革に関する総合的な方策について」を受けた、いわゆる教師の働き方改革についてである。この答申において、教師の業務が膨大化し、勤務時間が長時間化していることが指摘され、教師の専門性を活かした勤務環境を整備することが求められた。答申後の改革として、まず2019年12月に給特法（**公立の義務教育諸学校等の教育職員の給与等に関する特別措置法**）の一部が改正された。給特法とは、1971年に「教育が特に教員の自発性、創造性に基づく勤務に期待」し、「一般行政事務に従事する職員と同様な時間管理を行うことは必ずしも適当ではなく、とりわけ超過勤務手当制度は教員になじまない」という理由から制定されたものである。その第3条で「教職調整額」の支給が定められると同時に、時間外勤務手当および休日勤務手当は支給しないことが定められている。こうした教師の「自発的勤務」を求める制度が、勤務時間管理の意識を薄めているという指摘を受けて、教師が1年単位の変形労働時間制（休日のまとめどり）を実施できるようにすること（2021年施行）、文部科学大臣が教師の業務量の適切な管理等に関する指針を作成すること（2020年施行）が定められた。

　さらに教師の働き方改革を推進し、実効性を高めるため「学校における働

き方改革推進本部」が設置され、現在もそこで議論が進められている。具体的な方策としては、まず部活動改革である。部活動は通常、学校単位で主に教師が顧問となり活動している。しかし、本来部活動指導は教師が必ず担うべき業務ではない上に、休日の活動も多い。これが教師の負担となっている。OECD が行っている「国際教員指導環境調査（TALIS）2018」によると、中学校の教師が課外活動に使った時間は、OECD 平均が 1.7 時間であるのに対し、日本は 7.5 時間と、群を抜いて長時間となっている。この現状を踏まえ、休日の部活動に教師が携わらなくてもよい環境づくりが検討され、将来的には休日の部活動を学校ではなく地域で行うことが構想されている。ほかにも教育課程や教員免許更新講習、全国学力・学習状況調査などは大幅な削減や廃止も視野に入れた改革が検討されている。

このような中、2020 年 12 月 17 日に、実に 40 年ぶりの制度変更についての発表がなされた。小学校における学級編制定数を「40 人」から「35 人」にするというものである。義務教育段階の 1 学級の定数見直しについては、1980 年に「45 人」から「40 人」となって以降、2011 年に小学校 1 年生のみ「35 人」となったものの、それ以外の定数削減はなされてこなかった。少人数学級の実現は、長年特に教師から要望の高かったもののひとつであったが、財務省が少人数教育に対する教育効果に懐疑的であったため、実現されることがなかった。しかし、新型コロナウィルス感染拡大防止の観点が後押しし、教室内での密集を避ける意味合いから、この度の改編に至ったわけである。当面は小学校のみの改編であるが、文部科学省においては将来的にはこれを中学校・高校でも実現できるよう働きかけていくとしている。

新型コロナウィルスが教育に与えた影響はそれだけではない。現在検討されているもうひとつの制度改革として「令和の日本型学校教育」がある。この中では、「ポストコロナ」や「ニューノーマル」といわれる社会に対応するための教育が検討されている。新型コロナウィルスは、教育の機会からとりこぼされる子どもたちがいることを浮き彫りにした。特別な支援を必要とする子どもや貧困により十分な教育環境が確保できない子どもをはじめとし、そのほかにも日本語を母語としない子ども、不登校児童生徒などが教育機会

の不均等な状況に置かれている。これらの子どもたちの教育機会を保障し、学校が安全で安心できる居場所となることをめざし、特にICTの充実を軸にした改革が現在進められている。

　以上見てきたように、日本の教育行政は戦前と戦後でその役割を大きく変え、教育の自主性や自律性、中立性を保障するための制度設計をしてきた。ただ、学校現場からすると教育行政の果たしている役割は可視化できないことも多く、それによって不信感を与えているという面もあろう。教育行政の役割は、学校をはじめ、地域の生涯学習も含めた教育全般に関わる内容を充実させることであり、そして子どもたちが生き生きと教育活動ができるよう、その仕組みをつくることであると、最後にもう一度述べておきたい。

参 考 文 献

佐藤明彦『教育委員会が本気出したらスゴかった。―コロナ禍に2週間でオンライン授業を実現した熊本市の奇跡―』時事通信社、2020年

広田照幸『教育改革のやめ方―考える教師、頼れる行政のための視点―』岩波書店、2019年

雪丸武彦・石井拓児『教職員の多忙化と教育行政―問題の構造と働き方改革に向けた展望―』福村出版、2020年

第 14 章

学校と地域社会

1 地域社会における学校の役割とは

　「地域とともに子どもを育てる」「地域とともにある学校づくり」、そうしたキャッチフレーズとともに、学校と地域社会（および家庭）の協働が求められている。学校は地域社会においてどのような存在であり、どんな役割を担うべきなのか。学校の中で教育が完結すると考えていては、この問いに答えることはできない。学校と地域社会の関係性を見直しながら、学校教育の新たな可能性を探っていくことにしよう。

2 学校・地域社会・家庭の関係性の変化

　私たちは、子どもをどのように育てるかはそれぞれ家庭の問題と捉えがちであるが、これは今日的な感覚である。ほんの少し前まで、家庭（家族）は地域社会（共同体）ときわめて密接な関係にあり、地域社会を離れての子育てや教育は存在しえなかった。小山静子は「子どもは『いえ』の子どもであると同時に、村の子どもとしても承認され、育てられていかなければならなかった。…隣近所や親戚、あるいは寺社とのつきあいの仕方、村祭りや冠婚葬祭の時のしきたりなども、村で生きていくためには必要な知識であり、子どもはこれらも生活を通して身につけていった。そしてこれらのしつけや教育は、村に生きる『いえ』にとってだけでなく、共同体の一員として村を維持していくためにも必要なものであった」（小山静子『子どもたちの近代』吉川弘文館、2002 年、27 頁）と指摘している。明治初期に社会の近代化をめざして開始された学校教育は、そうした**「村の子ども」としてのしつけや教育**に大きな変化をもたらすものであり、人々にすぐに受け入れられたわけではなかっ

図 14-1　家族・地域・学校の三者の構造変化

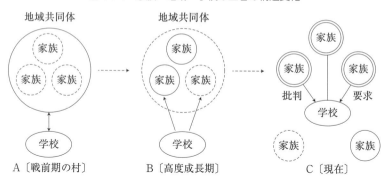

出典：広田照幸『教育には何ができないか』春秋社、2003 年、114 頁

た。幾度も制度改正が行われ、様々な軋轢や葛藤、あるいは期待を伴いながら、学校は少しずつ社会に定着していったのである。

　ここでは、広田照幸の研究（『教育言説の歴史社会学』名古屋大学出版会、2001 年、『教育には何ができないか』春秋社、2003 年）によりながら、学校が誕生してから今日までを大きく３つの時期、【戦前期の村】【高度成長期】【現在】に分けて、それぞれの時期における基本的な子育てや教育のあり方、そして、学校・地域社会・家庭の関係性の変化を押さえていこう（図 14-1）。

　まず、【戦前期の村】では、人々は地域共同体のしきたりや慣習の中に生きていたということができる。個々の家族と隣近所や親族を隔てる壁は薄く、家族は必ずしも独立したものではなかった。伝統的な村の暮らしは、家業（生産労働）が中心的な位置を占めており、子どもの教育問題への優先順位は低かった。言い換えれば、子どもは日々の生活の中で家業や共同体的な儀礼に参加することを通じて学習し、一人前の大人になっていったのである。学校は、そうした中に、遅れて登場してきた異質なものであった。学校教育が提供する知識や生き方のスタイルは伝統的な村のそれとは異なり、その意味で、地域共同体から遊離あるいは対峙するものだった。

　【高度成長期】を迎えると、地域社会や家族の姿は大きく変貌する。農村部では労働力（若年層）の流出と過疎化が、都市部では人口と機能の集中が進み、地縁を基盤とした地域共同体（村のしきたりやルール、自治会等の組織）は

崩壊していった。代わりに、個々の家族が情緒的な結びつきを強め、親族や隣近所の干渉を疎ましいものとみなすようなる。他方で、1973 年のオイルショック以降、大企業が大卒を優先的に採用したため、高学歴志向が急速に広がっていく。その結果、子どもに親の手伝いや地域社会での活動をさせるよりも、将来の安定した就職のために学力（学歴）をつけさせるべきだという価値観が広がっていく。こうして学校は、学業のみならず、生活面においても、家族に大きな影響を及ぼすようになっていった。

　ところが、【現在】では、学校と家庭の力関係は逆転の様相を見せている。地域共同体がまとまりを失ったのとは対照的に、壁を厚くして独立性を強めた家族は「わが子」が通う学校に強い関心を抱くようになった。教師と同等かそれ以上の学歴や文化を有し、多忙な教師よりも情報の収集と活用に長けた保護者は、遠慮なく学校や教師に批判や要求を突きつける。それが学校の非常識な慣行や閉鎖的な体質を変える契機となる一方で、時に、学校本来の役割を越える無理難題が浴びせられることもある。「『言ったもん勝ち的に何でも言ってくる』保護者の動向に『身構える学校』」（小野田正利『イチャモン研究会』ミネルヴァ書房、2009 年、ⅱ）という相互不信の構図が広がりを見せている。

　このように、学校と地域や家庭との関係性は時代とともに大きく変化していった。簡単に要約すれば、高度成長期までの学校は、地域社会を改良したり、家庭を改善したりする指導的な位置にあったが、近年ではむしろ、学校の限界を補うために「地域とともに子どもを育てる」や「地域とともにある学校づくり」が唱えられ、**社会に開かれた教育課程の実現**、**学校を核とした地域社会の創生**に力点が置かれるようになった。

　次節では、審議会の答申や教育白書などをもとに、「コミュニティ」という望ましい地域社会のあり方が登場し、学校と地域社会（および家庭）の協働が求められるようになっていく経緯をさらに詳しく見ていこう。

3　「コミュニティ」の概念と「地域の教育力」の見直し

1）「コミュニティ」概念の登場

　前節で見たように地域共同体は崩壊し、人々は古い束縛から解放された。

しかしながら、社会の急激な変化によって生じる問題は、個人や家族の力では解決できず、地域社会のレベルでの対応が求められるものも少なくない。そうした中で、人々の期待を背負うように登場してきた概念が**コミュニティ**である。高度成長の絶頂期である 1970 年に出された国民生活審議会の「成長発展する経済社会のもとで健全な国民生活を確保する方策に関する答申〈人間環境整備への指針〉」には、地域社会に起こった変化とコミュニティ形成の必要性が次のように記されている（第 2 部第 2 章第 4 節）。

> 「近年におけるわが国経済の急速な成長は、産業と地域の構造変化を通じて生活の場に対しても重大な影響を与えつつあるが、地域社会におこった^{（ママ）}もっとも大きな変化は、交通機関の発達による生活圏の拡大と旧来の地域共同体の崩壊であり、地域社会における連帯意識の減退である。旧い共同体に代って種々の職能集団が形成されつつあるが、新しい連帯意識の醸成は未だ十分ではない」。
>
> 「しかしながら、人々の間の新しいつながりが必要であるとしても、それは人々の自主性を侵害するものであってはならない。また、かつての地域共同体にみられたような拘束性をそのまま持ち込むものであってもならない。…このような観点から生活の場において、市民としての自主性と責任を自覚した個人および家庭を構成主体として、地域性と各種の共通目標をもった開放的でしかも構成員相互に信頼感のある集団をコミュニティと呼ぶならば、この新しい多様なコミュニティの形成こそ個人や家庭の段階では達成しえない地域住民のさまざまな欲求が充足される場となり得るであろう」。

アメリカの社会学者**マッキーバー**（1882～1970）は、コミュニティを「ある程度の社会的結合（social coherence）をもつ社会生活の一定の範域」と定義し、その社会的結合は**地域性**（locality）と**地域社会感情**（community sentiment）によって基礎づけられるとしている（松原治郎編『現代のエスプリ No.68　コミュニティ』至文堂、1973 年、23 頁）。私たちは、地域社会の遺風や煩わしさをなくそうとするあまり、地域性や共同性をも失ってしまったのかもしれない。上の答申は、従来の地縁的な地域共同体とは異なる、新しい生活の場としてのコミュニティを住民自らの手でつくっていこう、との提言である。

国や多くの自治体で、一旦は、この答申に即したコミュニティ政策が進め

られたが、1980 年代後半から 1990 年代初頭のいわゆるバブル景気によって経済が優先され、地域でのコミュニティづくりは頓挫してしまった。阪神淡路大震災や東日本大震災を経験した今日、人と人とのきずなや助け合いの精神とともに、コミュニティの概念や理想に再び期待が集まっている。

２）「地域の教育力」の見直し

　教育政策の議論においても、同様の観点から**地域の教育力**が見直されていった。日経平均株価が 3 万円を超え、バブル景気のピークを迎えた 1988 年度の教育白書『我が国の文教施策』に次のような記述がある（第 I 部第 3 章第 3 節）。

> 「家庭や地域は、心身ともに健やかな子どもの育成を図る上で、学校と並んで大きな役割を担っている。しかしながら、近年、産業構造の変化、都市化の進展、核家族化、生活の物質的豊かさ、価値観の多様化などの影響を受けて、家庭や地域の教育力の低下が各方面から指摘されている。特に、青少年非行、いじめなどの子どもの問題行動の背景には、学歴偏重の社会的風潮や偏差値重視の教育、受験競争の過熱など学校教育にかかわる問題とともに、家庭における親子のきずなの形成や生活習慣を身に付けるためのしつけが十分になされていないこと、子どもを取り巻く地域社会の連帯感が弱まっていることなど種々の問題があると言われている。このため、親等に対する家庭教育に関する多様な学習・相談の機会を充実するとともに、青少年の人間形成に必要な自然との触れ合いや仲間との切磋琢磨の機会を充実するなど、家庭や地域の教育機能の活性化を図る必要がある」。

　上の引用において、「青少年非行、いじめなどの子どもの問題行動の背景」として学校教育だけでなく、家庭や地域社会の問題が挙げられていることに注意したい。つまり、子どもの問題行動は学校だけで解決できるものではないとの認識から、「家庭や地域の教育機能の活性化」が求められているのである。実際、**学校週 5 日制の実施**（1992 年 9 月から月 1 回、1995 年 4 月から月 2 回、2002 年 4 月から完全実施）を機に全国各地で、子どもたちを地域で育てる（守る）活動が様々に模索されていく。学校教育と社会教育が互いに連携・協力する**学社連携**、さらには、両者の要素を部分的に重ね合わせ、一体となって子どもたちの教育に取り組む**学社融合**という理念も提唱もされた。

　こうした論調は、以後の教育白書においても繰り返されていく。中でも2005年度の『文部科学白書』では「地域・家庭の教育力の向上」にひとつの章（第1部、第2章）を割いているのが注目される。そこには、文部科学省が実施した「地域の教育力に関する実態調査」の結果が示されているが、小中学生の保護者の55.6％が「地域の教育力は、以前に比べて低下している」と回答し（図14-2）、その原因として、①個人主義が浸透してきている（他人の関与を歓迎しない）、②地域が安全でなくなり、子どもを他人と交流させることに対する抵抗が増している、③近所の人々が親交を深められる機会が不足している、④人々の居住地に対する親近感が希薄化している、といった点を挙げる人が多い（図14-3）。

　そうした状況を踏まえて、文部科学省は「地域の教育力の再生を図る多様な機会を提供することが喫緊の課題」であるとして、2005年度から次のような4つの事業を**地域教育力再生プラン**として実施した。

・**地域子ども教室推進事業**：学校の校庭や教室等に、地域の大人の協力を得て、安全で安心して活動できる子どもの活動拠点（居場所）づくりの支援。

・**地域ボランティア活動推進事業**：子どもから高齢者まであらゆる層のボランティア活動を推進するための機会の提供。

・**総合型地域スポーツクラブ育成推進事業**：子どもから高齢者まで、地域住民のだれもが身近にスポーツに親しむことができる場を提供。

・**文化体験プログラム支援事業**：子どもたちが年間を通じて様々な文化に

図14-2　「地域の教育力」は自身の子ども時代と比べてどのような状態にあると思われるか

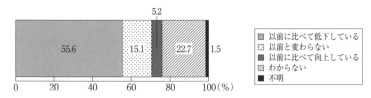

注：調査対象は小・中学生の保護者。
出典：文部科学省『2005年度　文部科学白書』2006年、32頁

図 14-3　「地域の教育力」が低下している原因

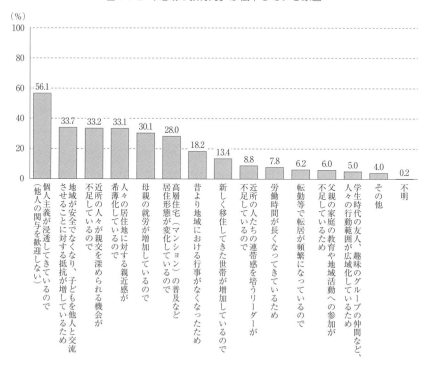

注：複数回答（3つまで）。
出典：文部科学省、前掲、33 頁

　　触れ、体験できるプログラムの作成・実施。
　こうした地域の教育力を高めるための事業は国だけでなく、各地の教育委
員会などにおいても様々な形で推進されていくのである。

4　コミュニティの学校づくり

1）コミュニティ・スクールの源流

　前節で見たような、学校と地域社会の関連を重視し、地域の教育力に立脚
した学校教育を行おうとする考え方に**コミュニティ・スクール論**がある。**オ
ルセン**（1908～2000）は、1947 年の編著書『**学校と地域社会（School and
Community）**』の中で、アメリカを例に「書籍中心の学校から、児童中心の

学校を通り、生活中心の学校へといくこと―これが第二十世紀初頭の四十年間の教育思想と教育実験の進歩であった」（宗像誠也・渡辺誠・片山清一訳『学校と地域社会』小学館、1950年、17〜18頁）と述べる。

　彼によれば、伝統的な**書籍中心の学校**（学究的な学校：the academic school）の功績は、教材を組織的に編成したことにあるが、生徒の個人差や要求・興味を無視し、上からの圧迫的な訓練が行われていたという欠点があった。その批判として現れた**児童中心の学校**（進歩的な学校：the progressive school）は、子どもの興味や自己表現を重視する点が優れているが、系統性に欠けやすく、現実社会の課題や必要性から遊離しがちである。それに対して、**生活中心の学校**（地域社会学校：the community school）は、生活上の諸問題に即して機能的に体系づけられた知識の有用性を認め、子どもの本性の心理学的研究に基づいた教育方法を取り入れながら、文化複合体としての地域社会の実態や倫理的要求を社会学的に分析して教育目標やカリキュラムを定めようとするのである。

　オルセンが整理したように、地域社会に根ざして生活中心の教育を行う学校の役割や展望としては、次のようなものがあった（26〜28頁）。

1. 学校は、成人教育の中心として働くものでなくてはならぬ。
2. 学校は、協定した計画を強化するため、地域社会の諸材料を利用しなくてはならぬ。
3. 学校は、その学校の教育課程（カリキュラム）を、地域社会の機構・過程および諸問題に、その中心を置くものでなくてはならぬ。
4. 学校は、地域社会の諸活動に参加することによって、その社会を発展させなくてはならぬ。
5. 学校は、地域社会の教育的な努力を組織立てる指導者とならなくてはならぬ。

　このうち、1から3は「地域社会を学校に取り入れようとするもの」であり、4から5は「学校を地域社会の中に取りだそうとするもの」であるが、この5つすべてをバランスよく機能させるのが地域社会学校であるとされる。

　学校と地域社会の関係を確かなものとするためには双方向の交流・連携が

必要だと考えたオルセンは、学校と地域社会の間に 10 本の「橋」を架けることを提唱した（図 14-4）。

このようなコミュニティ・スクール論は、第二次大戦後のわが国でも新しい学校のあり方として紹介され、各地で様々な実践が行われた（**川口プラン**〔埼玉〕、**本郷プラン**〔広島〕などが有名である）。しかしながら、都市化などによって地域社会が変貌するにつれ、衰退してしまった。

２）保護者・地域住民の学校運営への参画

近年、**学校のガバナンス**の観点からコミュニティ・スクールが再び、脚光を浴びている。

図 14-4　学校と地域社会を結ぶ十の架橋

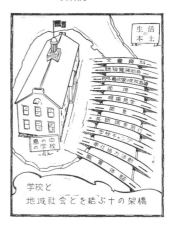

出典：オルゼン著、宗像誠也・渡辺誠・片山清一訳『学校と地域社会』小学館、1950 年、口絵

2004 年に「地方教育行政の組織及び運営に関する法律」が改正され、教育委員会の指定によって**学校運営協議会**が設置された学校は**コミュニティ・スクール（地域運営学校）**と呼ばれ、保護者や地域住民の代表が一定の権限と責任を持って学校運営に参画する仕組みが制度化された（図 14-5）。学校運営協議会は保護者・地域住民・校長・有識者などから構成される合議制の機関であり、主な役割は次の３つである（地教行法第 47 条の 5）。

・校長が作成する学校運営の基本方針を承認すること。

・学校運営について、教育委員会又は校長に意見を述べることができること。

・教職員の任用に関して、教育委員会に意見を述べることができること。

2011 年度に実施された文部科学省委託調査によると、コミュニティ・スクールに指定された学校では、「学校と地域が情報を共有するようになった（92.6％）」「地域が学校に協力的になった（87.7％）」「地域と連携した取組が組織的に行えるようになった（84.0％）」「特色ある学校づくりが進んだ（83.0％）」などの成果が見られている（佐藤晴雄『コミュニティ・スクール』エイデル研究所、2016 年、83 頁、なお、調査の回答者は校長、n＝675）。2020 年 7 月現在、学校運営

図14-5　コミュニティ・スクールのイメージ（学校運営協議会の仕組みと役割）

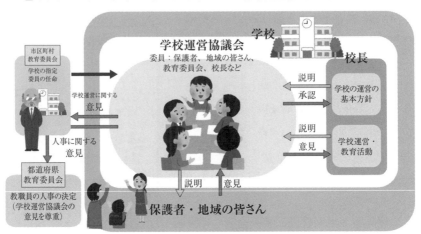

出典：文部科学省『文部科学広報』No.154、2012年9月号、16頁

協議会が設置された学校は46都道府県に9788校あり、全国の公立学校の27.2％に相当する。

　「地域独自のニーズに基づき、地域が運営に参画する新しいタイプの公立学校」（「教育改革国民会議報告」2000年）としてのコミュニティ・スクールは大きな注目を集めたが、ガバナンスの機能が敬遠されたためか、当初はなかなか広がらなかった。その後、2017年に法改正が行われ、学校運営協議会の役割に「学校運営への必要な支援に関する協議を行う」と「協議の結果に関する情報を地域住民等に提供するよう努める」が加えられ、他方で「職員の任用に関する意見については…協議会の意見の対象となる事項の範囲について、各教育委員会規則で定める」と修正され、公立学校への学校運営協議会の設置が教育委員会の努力義務となった（「地教行法」〔第47条の5〕条文解説）。

3）パートナーとしての学校と地域

　これまでの学校と地域の連携・協力は、その多くは地域が一方的に学校を支援する活動であったといってよい。文部科学省が2008年に開始した「学校支援地域本部事業」はその名が示すように、地域全体で学校を支援する体制をつくることをめざしたものであった。だが、学校や地域が抱える様々な

図 14-6　学校と地域の連携・協働のあり方

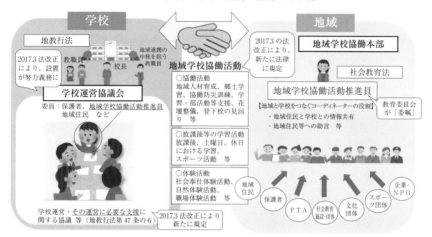

出典：文部科学省「令和元年度　地域と学校の連携・協働体制の実施・導入状況（参考）」10 頁
https://www.mext.go.jp/content/1422294_002.pdf

課題に対応するためには、「学校と地域は、お互いの役割を認識しつつ、共有した目標に向かって、対等な立場の下で共に活動する協働関係を築くことが重要であり、パートナーとして相互に連携・協働していくことを通じて、社会総掛かりでの教育の実現を図っていくことが必要である」(中央教育審議会「新しい時代の教育や地方創生の実現に向けた学校と地域の連携・協働の在り方と今後の推進方策について（答申）」2015 年、9 頁)。そうした認識から文部科学省は「学校支援地域本部」を**地域学校協働本部**へと改組し、学校運営協議会の活動と連動させながら、学校と地域が目標やビジョンを共有し、パートナーとして活動する枠組みへと発展させようとしている（図 14-6）。

　こうした動向を理解するために、次の 3 点を押さえておこう。

　一つ目は、2006 年に教育基本法が改正され、第 13 条に「学校、家庭及び地域住民その他の関係者は、教育におけるそれぞれの役割と責任を自覚するとともに、相互の連携及び協力に努めるものとする」と加えられたことである。もちろん、法律に新たな文言が記されただけで、学校と地域（あるいは家庭）の役割分担や連携・協力が実現されるわけではないが、「地域とともにある学校づくり」がめざされる気運は高まっている。

　二つ目は、2020 年から実施された新学習指導要領に**社会に開かれた教育課程**の理念が掲げられたことである。「よりよい学校教育を通してよりよい社会を創るという理念を学校と社会とが共有し、…社会との連携及び協働によりその実現を図っていく」（小学校学習指導要領、2017 年告示、15 頁）、「学校がその目的を達成するため、学校や地域の実態等に応じ、教育活動の実施に必要な人的又は物的な体制を家庭や地域の人々の協力を得ながら整える」（同、26 頁）などは、学校と地域社会とが教育理念と教育課程を共有し、「地域の教育力」をつくりだそうとしていると解釈できる。

　三つ目は、学校と地域の協働が地域創生の起点となることが期待されていることである。「地縁を再生するという視点にとどまらず、新たに地域コミュニティを創り出すという視点に立って、学校と地域住民や保護者等が力を合わせて子供たちの学びや育ちを支援する地域基盤を再構築していくこと、さらには、こうした取組を広げ、常に社会全体で互いの幸せについて考え、そのために何ができるかを問い、学び続ける社会の形成を進めていくことが課題」（中央教育審議会、答申、2015 年）なのである。

　学校運営協議会や地域学校協働本部の活動は、「コミュニティの学校」を自分たちの手でいかにつくっていくかということであり、それに関わる人々の生き方が投影されるものでもあるといえるだろう。

5　「希望」としての地域社会の学校

　機会を見つけて、近くの公立学校を訪ねてみよう。今日では、ほとんどの学校で毎日、当たり前のようにボランティアが活躍し、地域社会と関わりの深い多様な活動が行われている。もし、あなたが「学校は閉鎖的だ」という印象を持っているとすれば、あまりの変化に驚くかもしれない。

　ボランティアをしている保護者や地域住民に「なぜ、学校で活動しているか」とたずねたら、きっと「楽しいから」という答えが返ってくるだろう。学校は、誰もが通ったことのある懐かしい場所であり、子どもたちの生き生きとした反応にやりがいを感じない人はいない。

　すでに見たように、コミュニティの基礎は共同性・地域性にあるが、「コ

ミュニティの一員」という意識は、同じエリアに住むだけでなく、ともに何かをすること（＝協働）によって初めて培われる。それを考えるとき、日常生活の中で、私たちは「誰かと何かをともにする機会」が案外、少ないことに気づかされよう。学校は、現代社会の中で人と人、人と社会を結びつける数少ない場といえるかもしれない。

　地域の教育力が求められるとしても、学校と地域の連携・協働を上から強制するようなやり方はなじまない。それよりも、学校で新たな出会いと協働が創発的に繰り広げられるためにはどうすればよいかを考えていきたい。学校が子どもたちだけでなく、近隣の大人にとっても、教師にとっても、豊かな学び合いの場となり、みんなでやりたいこと・やるべきことを確かめ、時に癒され時に勇気づけられ、ともに生きるための希望を得ることができるように……。そんなイメージのもとで活動できれば、学校は自ずと地域社会に根ざした活力のある場所になっていくのではないだろうか。

参 考 文 献
小山静子『子どもたちの近代』吉川弘文館、2002 年
佐藤晴雄『コミュニティ・スクール』エイデル研究所、2016 年
広田照幸『教育言説の歴史社会学』名古屋大学出版会、2001 年

【これからも学び続けるために】

1. 教科書（第Ⅰ部〜第Ⅲ部）から学んだことを整理し、特に興味関心を持った章の内容について、参考文献や授業内で紹介された情報を手がかりに、さらに調べてみよう。

2. 教師になるための道程において、今、自分がどこにいるのかを確認し、今後の見通しを立てるために、この授業での学習を通じて、あなたができるようになったこと—知識や考え方の広がりなど—を挙げてみよう。

3. 数年後、教壇に立っている自分を想像し、現在の自分、これからの自分に必要だと思うことを挙げてみよう。

索　引

編著者紹介

内海﨑貴子（うちみざき　たかこ）

現在、川村学園女子大学教授。

1983 年から複数の大学で「道徳教育」「教育原理」等の教職科目を担当、1993 年以降、川村短期大学・川村学園女子大学教職課程担当教員として、幼稚園から高等学校までの教員養成に関わる。専門は人権教育、ジェンダー平等教育。

「差別体験授業」「子どもへの暴力防止教育」教材を開発、様々な大学の教職科目、市町村教育委員会現職教員研修等で実践を重ねている。そうした実績により千葉県我孫子市小中一貫教育推進委員会委員長、文京区男女平等参画推進会議会長など歴任。

主著に『新・教職入門』（共著・学文社）、『スクール・セクシュアル・ハラスメント―学校の中の性暴力―』（共著・八千代出版）、『新編日本のフェミニズム 8　ジェンダーと教育』（共著・岩波書店）など。

新・教職のための教育原理

2021 年 4 月 6 日　第 1 版 1 刷発行
2022 年 4 月 1 日　第 1 版 2 刷発行

編著者 ── 内海﨑　貴 子
発行者 ── 森 口　恵美子
印刷所 ── 新 灯 印 刷 ㈱
製本所 ── グ リ ー ン
発行所 ── 八十代出版株式会社

〒101
-0061　東京都千代田区神田三崎町 2-2-13

TEL　03 - 3262 - 0420
FAX　03 - 3237 - 0723
振替　00190 - 4 - 168060

＊定価はカバーに表示してあります。
＊落丁・乱丁本はお取替えいたします。